아니까 뉴스 보고 대화까지 된다!

초등학생을 위한 시사용어

 시작하며

배우고 말하면서 깊어지는 이해

"어제 그 드라마 진짜 재밌더라."
"새로 나온 그 만화 봤어?"
여러분은 친구들과 이런 대화를 자주 나누지 않나요?
텔레비전 방송이나 읽은 책을 화제로 꺼내면 분위기가 좋아져요. 왜 이렇게 즐거운 걸까요?
무엇보다 이야기를 나누면 친구와 사이가 돈독해져요. 서로 좋아하는 만화가 같다면 몇 시간이고 이야기를 나눌 수 있어요. 공통된 화제로 서로의 의견이나 생각을 알아가다 보면 동질감이 생기기도 해요. 또 친구의 의견이나 생각을 듣는다는 기쁨도 느낄 수 있어요. 나와 친구가 감동한 드라마의 한 장면이 같으면 반갑기도 하고 전에는 몰랐던 재미를 새삼 깨닫기도 해요.

대화의 효과

대화를 나눈 사람에게 동질감을 느끼고 공통된 인식을 공유하거나 새로운 발견에 눈 뜰 수 있어요. 상대를 더 잘 이해하게 되고 나의 지식이 더 풍부해질 수도 있고요. 이것이 바로 대화의 효과예요. 여러분이 뉴스나 사회에서 일어나는 사건을 눈여겨보고 그것을 화제로 삼아 가족이나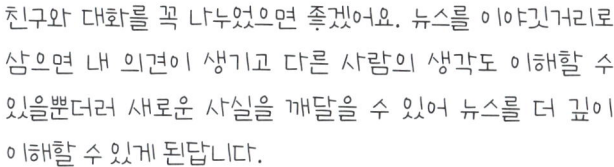
친구와 대화를 꼭 나누었으면 좋겠어요. 뉴스를 이야깃거리로 삼으면 내 의견이 생기고 다른 사람의 생각도 이해할 수 있을뿐더러 새로운 사실을 깨달을 수 있어 뉴스를 더 깊이 이해할 수 있게 된답니다.

이야깃거리를 위해 관심을 가지자

'뉴스는 어려워. 뭔 말인지 하나도 모르겠어.'
평소에 이런 생각을 했더라도 이 책을 읽으면 문제없어요. 이 책에서는 뉴스를 이해하기 위해 알아두면 좋을 용어, 뉴스에서 자주 쓰이는 키워드, 뉴스에서 화제가 되는 말…… 등등, 뉴스에 나오는 용어를 알기 쉽게 해설했어요. 모든 걸 다 이해할 필요는 없어요. 먼저 책을 읽고 관심이 가는 분야부터 누군가와 이야기를 나누어 보세요. 대화를 나눔으로써 지식도 풍부해지고 새로운 발견도 할 수 있을 거예요

대화의 규칙

다른 사람의 이야기는 끝까지 듣는다

다른 사람이 말하는 도중에 끼어들어 다짜고짜 내 이야기를 꺼내면 안 돼요. 중간에 방해받는 건 유쾌하지 않을뿐더러 그 이야기를 끝까지 듣고 싶어 하는 사람도 있을 테니까요.
내 의견과 다르거나 상대가 틀린 말을 한다고 생각해도 무턱대고 끼어들지 말고 끝까지 듣는 태도를 지니도록 해요.

자기 마음대로 떠들지 않는다

다들 자기 마음대로 떠들기만 한다면 대화는 성립할 수 없어요.
학급 회의라면 손을 들고 지명된 사람부터 발언하도록 해요. 친구들끼리 이야기할 때는 손은 들지 않더라도 "내 생각에는…." 이라든지 "말해도 될까?" 같은 말을 먼저 하는 것도 좋아요.

험한 말을 하지 않는다! 인격을 존중한다!

다른 의견을 주고받는 건 괜찮지만, 험한 말을 해서는 안 돼요. 의견에 반대할 수는 있지만, 상대의 인격을 모욕하는 발언은 절대로 삼가야 해요. "그런 말을 하다니 바보 아냐?" 같은 말이 나온다면 대화는 결코 이루어질 수 없어요.

대화의 매너

아는 것을 나누고 싶다면…

정보나 지식의 공유가 목적이라면 거만한 태도로 이야기해선 안 돼요. 내용을 잘 전달하려면 말하는 법도 중요하기 때문이죠. 듣는 이가 의문을 품거나 질문을 할 수도 있으니 정확한 지식도 필요해요.

다양한 생각과 아이디어를 얻고 싶다면…

문제나 과제에 대해서 많은 정보와 의견을 얻고자 한다면 발언을 멈추지 마세요. 특히 처음에는 실수해도 괜찮으니 끊임없이 말하고 다른 사람의 의견도 긍정적으로 받아들이는 게 좋아요. 소수가 제시한 의견도 멋진 아이디어로 발전할 수 있으니 소중히 하도록 해요.

결론을 내리고 싶다면…

문제를 해결할 답이나 통일된 의견 등 마땅한 결론을 내리는 것은 어른에게도 쉽지 않은 일이에요. 하지만 과제 해결이나 바람직한 결과를 모두가 바란다면 논의는 순조롭게 진행될 수 있어요.

> 지식과 이해를 깊이 만드는 대화
> 논의는 대결이 아니라 모두의

목차 Contents

- 사회에 관한 키워드 ·············· 007
- 정치에 관한 키워드 ·············· 039
- 경제에 관한 키워드 ·············· 071
- 과학에 관한 키워드 ·············· 101
- 문화·스포츠에 관한 키워드 ·· 129
- 색인 ························· 156

이 책의 활용법

이 책은 뉴스에 나오는 용어를 설명하고 그것을 주제로 이야기 나누기 위한 핵심 내용을 담고 있어요. 그 용어에 관심이 생겼다면 스스로 조사해 지식을 쌓고 다양한 사람과 대화하면서 더 깊이 이해해 보도록 해요.

제 1 장

사회에 관한 키워드

'사람들이 모여 이루어진 집단'을 사회라고 불러요.
즉, 우리는 모두 사회의 일원인 셈이에요.
사회에 대해서 이야기를 나누면 다양한 입장을 이해할 수 있고,
사회의 분열을 해결할 방법을 찾을 수 있어요.

신종 코로나바이러스

세계적인 대유행 바이러스

우리 몸에 감염병을 일으키는 코로나바이러스는 지금까지 여섯 종류라고 알려져 있었어요. 여러분의 부모님은 들어본 적이 있을지도 모르는 2003년에 세계적으로 유행한 '사스(SARS)'나 2012년에 확인된 '메르스(MERS)'는 감염이 중증으로 이어지기 쉬운 코로나바이러스예요. 그 이외의 코로나바이러스는 감염되어도 감기 정도의 증상을 보였죠. 그런데 2019년에 일곱 번째 코로나바이러스로 중국에서 확인된 '신종 코로나바이러스'는 눈 깜짝할 사이에 팬데믹(세계적 유행)을 일으켜 우리의 생활 양식을 완전히 바꾸어 놓았어요. 신종 코로나바이러스가 위험하다고 하는 이유는 무엇일까요?

신종 코로나바이러스의 감염력은 인플루엔자보다 강할뿐더러 안

타깝게도 **잠복기**(감염되고 나서 증상이 나타나기까지의 기간)까지 길어요.

인플루엔자의 잠복기는 평균 2일 정도인 데 비해 신종 코로나바이러스의 잠복기는 평균 5~6일 사이예요. 심지어 증상이 드러나지 않는 무증상 감염자도 많다고 해요. 이러한 이유로 감염자는 자신이 감염된 것도 모른 채 일상생활을 이어 나갔어요. 그러다 보니 많은 사람이 감염되고 말았죠.

감염이 중증으로 이어지거나 최악의 경우 사망에 이를 수도 있어서 그 특성을 이해하고 대비해야 해요. 다양하게 변이되는 바이러스라 해도 모두 기본적인 대책만으로 충분히 감염을 예방할 수 있어요. 감염 경로는 크게 보아 **비말 감염**(재채기나 기침)과 **접촉 감염**(바이러스가 묻은 것을 만진다)의 두 경로인데 꼼꼼한 손 씻기와 마스크 착용, 이동을 자제하는 것과 같은 예방 대책이 매우 중요해요. 철저한 예방이 각국에서 이루어지며 지금은 생활에 큰 불편을 느끼지 못하고 있어요.

아니까 뉴스 보고 대화까지 된다! 초등학생을 위한 시사용어

이런 이야기를 나누어 보아요

우리 일상은 어떻게 바뀌었지?

감염 대책과 함께 새로워진 생활 양식을 확인해 볼까?

처음 보는 서비스도 많이 생겼잖아.

SNS(소셜 네트워킹 서비스)

전 세계 사람과 연결되는 편리한 서비스

SNS는 'Social Networking Service(소셜 네트워킹 서비스)'를 줄인 말이에요. 인터넷 공간에서 누구와도 소통할 수 있는 서비스를 가리켜요. 페이스북, 트위터, 인스타그램 등에 대해 여러분도 듣거나 본 적이 있을 거예요. 관심 분야의 정보를 이용자끼리 교환하거나 개인이 동영상이나 사진을 올려 주목을 받기도 하죠. 또 개인뿐만이 아니라 기업도 회사 상품을 홍보하거나 고객의 목소리를 직접 들으려고 이용하고 있고요. 이렇게 편리하고 재미있는 SNS는 2000년대 초반부터 전 세계로 보급되었어요.

그런데 SNS에 좋은 점만 있는 건 아니에요. 잘못 이용하면 큰 문제가 생기기도 해요. 혹시 악플(악성 댓글) 테러란 말을 들어본 적이 있나요? 인터넷에 올라온 글이나 사진을 지적하거나 비난하는 악의적인 댓글이 빗발쳐 수습하기 어려운 상황을 말해요. 일반인만이 아니라 연예인이나 기업에 댓글 테러를 벌이는 일도 종종 발생해요. 때때로 사건이 커져 악성 댓글을 단 사람이나 시킨 사람이 체포되기도 하고 회사나 학교를 그만두게 되기도 하니 SNS를 이용한다면 신중히 생각해야 할 문제예요.

악성 댓글과 함께 SNS에서 문제가 되는 것이 '개인 정보' 유출이에요. 우리 집 사진 한 장 공개했을 뿐인데 집 주소나 직장, 가족 정보까지 알려지는 사건도 있었어요. 무심코 공개한 개인 정보 때문에 알리고 싶지 않은 정보까지 불특정 다수의 사람에게 노출될 위험이 SNS에는 도사리고 있다는 걸 명심해야 해요.

아니까 뉴스 보고 대화까지 된다! 초등학생을 위한 시사용어

이런 이야기를 나누어 보아요

- 모르는 사람과 친해지는 걸 반겨야 할까? 조심해야 할까?
- 음, SNS에 자기 소개하는 게 왜 문제인 거지?
- SNS 이용 규칙을 만들어 두는 게 좋겠어.

빅데이터

삶을 편리하게 만드는 방대한 데이터

'빅데이터? 엄청나게 큰 데이터죠!' 이렇게 생각한 당신……, 딩동댕, 정답입니다. 빅데이터는 컴퓨터와 인터넷의 발달로 얻어진 방대한 데이터를 말해요. 그럼 무엇이 방대하단 걸까요? 쉽게 설명하면 '용량이 크고 종류가 많을뿐더러 속도가 빠르고 경제 가치도 높은 데이터'가 빅데이터예요.

빅데이터의 가까운 활용 예를 살펴볼까요? 어느 회전 초밥 체인점은 초밥을 얹어 놓는 접시에 IC칩을 넣어서 정보를 얻고 있어요. 어떤 초밥이 언제, 얼마나 팔리는지 데이터를 모아서 그날의 날씨, 고객층, 다른 가게의 데이터 등을 조합해 수요를 예측한 다음, 레일에 올릴 초밥의 재료와 양을 조절했어요. 그 결과 음식을 만드는 재료의

폐기량이 줄어들었다고 해요. 이뿐만 아니라 재고 관리에서 범죄 예측까지 곳곳에서 빅데이터가 활용되고 있으며, 앞으로 그 필요성은 더 커질 것으로 보여요. 예를 들어 내비게이션의 주행 데이터를 모아서 어떻게 하면 유용한 빅데이터로 만들지 친구들과 이야기 나누고 고민해 보세요.

빅데이터의 수요가 증가하면서 데이터를 다루는 인재에 대한 수요도 늘고 있어요. 데이터는 축적하기만 해서는 의미가 없어요. 그래서 '데이터 사이언티스트'라는 직업도 생겨난 거죠. 우리에게 익숙한 직업은 아니지만, 빅데이터를 분석하고 문제를 해결하는 일을 해요. 앞으로 데이터를 분석하고 시스템을 개발하는 직업이 활약할 시대가 펼쳐질 테니, 데이터를 다루는 일에는 또 어떤 직업이 있는지 조사해 보는 것도 좋겠죠.

가짜 뉴스

인터넷 정보, 다 믿어선 안 돼!

　페이크는 '거짓'이란 뜻으로 페이크 뉴스(fake news)는 거짓 뉴스, 가짜 정보를 의미해요. 실제 언론 보도처럼 보이도록 꾸며서 정보를 유포하는데, 거기에 속은 사람들이 정보를 SNS에 퍼뜨리면서 순식간에 가짜 뉴스가 퍼지게 되는 거죠.
　예를 들어 2016년 영국의 EU 탈퇴를 물었던 영국의 국민 투표나 미국 대통령 선거는 SNS에서 수많은 가짜 뉴스가 확산하며 투표 결과에 큰 영향을 미쳤다고 해요. 또 미국에서는 가짜 뉴스를 믿은 남자가 피자 가게를 습격하는 사건이 발생하기도 했고, 일본에서는 지진이 일어난 직후에 '동물원의 사자가 마을로 도망쳤다.'라는 거짓 정보와 영상을 장난삼아 올린 남성이 체포되기도 했어요. 이처럼 가짜 뉴스의 목적은 단순히 '주목받고 싶다.'라는 개인적인 이유, 사회적·정치적으로 영향을 미치고자 하는 의도, 특정 개인이나 기업을 깎아내리기 위한 모함 등이 있는데 어느 쪽이든 쉽게 가짜 뉴스를 믿거나 퍼뜨리는 일은 절대로 해서는 안 돼요. 코로나19 팬데믹이 일어났을 때처럼 근거 없는 정보가 빠르게 퍼져나가는 '인포데믹(infordemic: 정보와 감염병의 합성어로 바이러스가 퍼지듯 거짓 정보가 빠르게 퍼져나가는 현상)'이 발생하기도 해요.

한편 가짜 뉴스의 수법은 갈수록 교묘해져서 인공 지능을 이용해 영상을 합성한 '딥페이크(deepfake)' 동영상도 늘고 있어요. 보자마자 '가짜!'라고 파악하기는 어려우니 '이거 진짜일까?'라는 의심이 든다면 먼저 정보의 출처를 조사하고 섣불리 퍼뜨리지 않도록 주의해야 해요.

이런 이야기를 나누어 보아요

- 속지 않는 것도 중요하지만 거짓 정보를 퍼뜨리지 않는 것도 중요해.
- 거짓 정보를 판단하는 방법이 있는지 고민해 봐야겠어.
- 그럼 가짜라고 의심될 때는 어떻게 해야 하지?

헤이트 스피치

혐오에 가득 찬 말은 편견과 차별의 원인

'헤이트'는 '증오'란 뜻이에요. 즉, '헤이트 스피치(hate speech)'는 '증오에 가득 찬 발언'을 의미하죠. 예를 들어 "○○인은 떠나라!"라든가 "○○교의 신자를 몰아내자!"처럼 특정 개인이나 단체의 인종·성별·종교 등을 차별하며 깎아내리거나 도발하고 공격하듯이 하는 말을 헤이트 스피치라고 불러요. '스피치'라고는 하지만, 발언뿐만이 아니라 해를 끼치는 행동도 헤이트 스피치예요.

헤이트 스피치는 인권을 무시하고 상대에게 상처를 입히는 매우 나쁜 행위예요. 혐오에 기반하기 때문에 차별이나 대립을 조장하는 원인이 되기도 하죠. 그래서 몇몇 나라에서는 헤이트 스피치를 법률로 규제하고 있어요. 이웃 나라 일본은 2016년에 '헤이트 스피치

해소법(특정 집단을 향한 차별적이고 모욕적인 말과 행동을 금지한다는 내용의 법률)'을 제정했어요. UN에서도 헤이트 스피치를 하는 사람을 처벌하도록 조약으로 규정하고 있어요.

한편 '**표현의 자유**'를 근거로 내세워 헤이트 스피치를 정당화하는 사람도 있어요. 표현의 자유는 대다수 민주주의 국가에서 인정하는 기본적인 인권 중 하나예요. 우리는 자유롭게 내 의견이나 생각을 밝히고 표현할 수 있죠. "그러니 헤이트 스피치도 인정해야 한다."라고 주장할 수도 있어요. 하지만 '표현의 자유'가 있다고 해서 아무 말이나 다 해도 된다는 뜻은 아니랍니다. 다른 사람을 험담하고 모욕하고 괴롭히는 것은 범죄 행위이기 때문에 헤이트 스피치도 용서받을 수 없는 일이에요.

아니까 뉴스 보고 대화까지 된다! 초등학생을 위한 시사용어

이런 이야기를 나누어 보아요

- 익명성을 띠는 인터넷이 보급되면서 헤이트 스피치가 늘어났다고 해.
- 편견과 차별 없는 사회를 만들기 위해 우리는 뭘 할 수 있을까?
- '표현의 자유'가 있어도 헤이트 스피치를 허용할 수 없는 이유가 뭔지 한 번 더 얘기해 보자.

분쟁

분쟁 지역에서는 아이들이 무장하는 일도

　세계 각지에서는 지금도 분쟁이 일어나고 있어요. 수십 년간 이어진 아프가니스탄 분쟁, 몇몇 국가·민족의 의도가 복잡하게 얽혀 혼란스러운 시리아 내전…… 등, 세계 곳곳에서 분쟁이 이어졌어요. 많은 여행객이 찾는 관광국이지만 전투가 계속되는 지역도 있어요.

　그렇다면 분쟁이란 무엇일까요? 단어의 뜻은 다툼이나 대립이지만, 일반적으로 군사적인 무력을 행사한 다툼을 분쟁이라고 불러요. '전쟁과는 다른가요?'라는 의문이 생길 수도 있어요. 전쟁도 분쟁의 한 종류예요. 두 개 이상의 나라들이 무기와 군대를 이용해 싸우는 것을 '전쟁', 같은 나라 안에서 인종이나 민족이 대립하여 무력으로 다투는 것을 '내전'이라 불러요.

 전 세계의 분쟁 지역에서 여러분과 비슷한 또래의 아이들이 희생되기도 해요. '어린이 병사'가 그 예에요. 많은 분쟁 지역에서 어린이를 유괴해서 강제로 전쟁에 투입하죠. 어린이는 특정 사상을 주입하거나 교육하기 쉬워서 병사로 만들기 쉽기 때문이에요. 분쟁 지역에서는 전투원으로 어린이들을 이용해 어린이들이 목숨을 잃는다고 해요. 식량이 부족해서 영양실조로 사망하거나 굶어 죽는 어린이도 줄어들지 않고 있고요.

 어린이를 비롯한 분쟁 지역에서 희생된 사람들을 위해 UN과 세계 각국이 지원 활동을 펼치고 있어요. 식량이나 물자는 물론 교육, 인프라 정비, 지뢰와 무기 철거 등의 지원이 이루어지고 있으나 여전히 도움의 손길이 닿지 않은 지역이 많은 실정이에요.

이런 이야기를 나누어 보아요

지금도 내 또래 친구가 분쟁의 한복판에 있다고 생각하니 결코 남 일 같지 않아.

맞아! 분쟁 지역의 사람들을 위해 우리가 할 수 있는 지원이 뭔지 생각해 보자!

먼저 지금 어느 지역에서 어떤 이유로 분쟁이 발생하고 있는지 조사해 볼까?

빈곤

선진국에서도 목격되는 빈곤의 실태

 2015년 UN 총회에서 채택된 **SDGs**(지속 가능한 발전 목표)의 첫 번째 목표는 '**빈곤**(가난)'이에요. 세계적으로도 빈곤 문제에 대한 의식이 높아졌음을 보여주는 대목이지요. UN 기관에서는 빈곤을 '교육, 직업, 식량, 보건 의료, 마실 물, 주거, 에너지 등 가장 기본적인 물자와 서비스를 손에 넣을 수 없는 상태'라고 정의하고 있어요. 즉, 인간답게 살 수 있는 최소한의 의식주가 확보되지 않은, 병원조차 제대로 갈 수 없는 삶을 말하죠.

 빈곤에도 종류가 있는데, '**절대적 빈곤**'과 '**상대적 빈곤**'으로 나눌 수 있어요. 절대적 빈곤이란 하루 생활비 1.9달러(약 2,600원) 미만으로 살아가는 사람을 가리켜요. 개발 도상국(경제 발전이 진행 중인 나라)이나 분쟁 지역에서 많이 볼 수 있고 선진국에서는 별로 볼 수 없어요. 2020년 세계은행(제2차 세계대전이 끝난 뒤 개발 도상국의 경제 발전을 목표로 설립한 국제 은행)은 전 세계의 절대적 빈곤 인구가 과거 20년 전보다 처음으로 늘어났으며, 2021년에는 1.5억 명이 증가할 것이라 발표했어요. SDGs에서는 2030년까지 빈곤을 퇴치하기로 했는데, 지금 속도로는 목표를 달성하기 어려울 것으로 보여요.

한편 선진국이라고 빈곤이 없는 건 아니에요. 여기서 쓰이는 개념이 '상대적 빈곤'인데 그 사회를 구성하는 대다수 사람보다 가난한 사람을 가리켜요. 상대적 빈곤은 눈에 띄지 않는 빈곤이어서 지금까지는 절대적 빈곤에 비해 세계적으로 관심이 낮았어요. 그런데 최근 들어 상대적 빈곤 문제가 심각해지며 우리나라에서도 빈곤 상태에 놓인 어린이를 위한 '아동 급식 카드'와 같은 지원이 주목받기 시작했어요.

이런 이야기를 나누어 보아요

- 상대적 빈곤을 알아채기 어려운 건 왜일까?
- 코로나 이후로 밥을 굶는 친구들이 늘어났대.
- 형편이 어려운 아이가 누구인지 알 수 있는 시스템이 있으면 좋을 텐데….

난민 문제

어쩔 수 없이 모국을 떠나는 사람들

여러분은 뉴스에서 '난민'이라는 말을 듣거나 영상을 본 적이 있나요? 난민이란 분쟁이나 정치적인 박해, 인권 침해 등으로부터 자신의 목숨을 지키려고 어쩔 수 없이 국경을 넘어 다른 나라에 보호를 요청하는 사람들이에요. 아주 먼 나라 일이어서 상관없다고 생각할 수도 있겠지만, 난민도 전 세계 사람들이 해결해야 할 문제 중 하나예요.

2020년 말, 전 세계의 8,240만 명이 분쟁이나 박해로 인해 고향을 등졌어요. 전 세계 인구의 1%에 해당하는 숫자이죠. 더군다나 난민의 수는 계속 늘어나고 있다고 해요. 이렇게 늘어나는 원인은 시리아나 남수단 등에서 새로운 위기가 빈발하고 인도적인 문제가 오랫동

안 지속되고 있기 때문이에요. 예를 들어 분쟁이 계속되는 시리아에서는 국민의 약 30%인 670만 명이 다른 나라로 떠났다고 해요. 1978년 시작된 분쟁 탓에 이란으로 떠난 아프가니스탄 난민의 피난 생활은 40년 이상이나 이어졌어요.

최근에는 특히 '국내 피난민'이라 불리는 국경을 넘지 않은 채, 자국에서 피난 생활을 하는 사람들이 늘어났어요. 다른 나라로 도망쳐 보호를 받는 난민은 받아들여 준 나라에서 생활이나 일을 할 때 도움을 받아요. 하지만 국내 피난민은 자기 나라에 살고 있으니 좀처럼 지원할 방법이 없다는 게 문제예요.

지원하는 몇 개의 단체·조직이 있는데, '유엔 난민기구(UNHCR)'도 난민을 보호하고 지원하는 조직 중 하나이죠. UNHCR은 난민이 발생하면 난민을 받아들이는 국가의 요청에 따라 난민이 지낼 시설(난민 캠프)이나 물자, 의료를 원조해요. 난민 캠프에서는 안전이 보장되고 지낼 곳과 식량, 생필품 등을 제공 받을 수 있어요.

이런 이야기를 나누어 보아요

난민을 받아들이는 나라가 좀 더 늘어나면 좋을 텐데.

근데 수용을 제한하는 나라도 있대. 난민을 받아들이면 좋지 않은 점이라도 있는 걸까?

'위장 난민'이라는 말을 들어본 적 있는데, 그거랑 관련되어 있지 않을까?

환경 문제

전 세계가 힘을 모아 대처해야 할 중요 과제

인간이 활동하면서 환경에 나쁜 영향을 주는 일이 발생해요. 이것을 '환경 문제'라고 해요. 환경 문제는 다양한 양상을 보여 한 나라의 의지만으로 해결할 수 있는 문제가 아니라 이웃 나라, 나아가 전 세계가 힘을 모아 풀어나가야 할 문제예요.

예를 들어 자동차나 공장에서 배출되는 유해 물질로 공기가 더러워지는 '대기 오염'은 지구 환경만이 아니라 인간의 건강에도 나쁜 영향을 끼쳐요. 1970년대에는 공기 중의 유해 물질이 원인인 '광화학 스모그'가 자주 발생해서 그 당시 많은 사람이 안구 통증과 호흡 곤란 등의 건강 이상을 호소했어요. 최근 들어 광화학 스모그는 줄었지만, 'PM 2.5(초미세먼지)' 문제가 심각해졌어요. 초미세먼지는 지름

2.5㎛(마이크로미터) 이하의 작은 물질인데 사람이 이것을 들이마시면 폐나 기관지 등에 병을 일으킨다고 해요.

더러워지는 건 공기만이 아니에요. 사람이 바다에 버린 쓰레기나 생활 배수 등으로 인해 바다가 더러워지고 해양 생태계의 균형이 깨지는 '해양 오염'도 환경 문제예요. 해양 오염이 심해지면 해양 생물은 감소하고 어업도 쇠퇴하기 때문에 피해가 몹시 커요. 특히, 요즘은 불과 5㎜ 이하의 미세한 플라스틱인 '미세 플라스틱' 문제가 심각해요. 너무 작아서 바다에 떠다니는 것을 다시 거두어들이기 힘들고, 생물이 삼키면 소화를 못 시켜서 쇠약해지고 말아요. 바다에 떠다니는 미세 플라스틱이 이대로 점점 늘어난다면 2050년에는 전 세계 바다에 사는 물고기보다 그 양이 많아질 거라고 해요.

아니까 뉴스 보고 대화까지 된다! 초등학생을 위한 시사용어

이런 이야기를 나누어 보아요

환경 문제를 해결하기 위해서 우리가 할 수 있는 일을 생각해 보자.

환경 문제를 해결하기 위해서 우리가 할 수 있는 일을 생각해 보자.

음, 편리한 생활을 포기할 수도 없고…, 그렇다고 환경을 버릴 수도 없고… 어떡하지?

지구 온난화

기후 변화로 인한 전 지구적 위협

　수십 년간 오랜 기간에 걸쳐 일어난 기후의 변화를 '**기후 변화**'라고 해요. 오늘날 이러한 기후 변화는 인류에게 커다란 영향을 미치는 심각한 문제로 세계적인 대책이 필요하답니다.

　기후 변화의 가장 큰 주범은 '**지구 온난화**'예요. 지구 온난화에 대해서는 여러분도 들어 봤을 거예요. 지구 전체의 평균 기온이 급격하게 올라가는 현상인데, 인간이 배출하는 '**온실가스**', 특히 이산화 탄소의 증가가 원인이라고 해요. 지구 온난화로 인해 다양한 기후 변화가 일어나며 우리 삶도 크게 바뀌고 있어요.

　예를 들어 기온이 올라가자 북극에 있는 빙하가 녹아서 해수면이 상승했어요. 그렇게 되면 해발이 낮은 섬나라는 바닷물이 논밭이나 우물로 침투해 작물이 자랄 수 없을뿐더러 마실 물도 사라져요. 평균 해발이 1.5m인 남태평양에 있는 섬나라 투발루에서는 2002년부터 뉴질랜드로 이민을 가기 시작했을 정도라고 해요. 이 밖에도 기온이 상승하며 강수량이 줄어들어 아프리카 곳곳에서는 수자원 확보가 어려워졌어요. 반면에 동남아시아나 중앙아시아에서는 홍수가 자주 일어나 농사를 지을 수 없거나 살 곳을 잃는 사람이 생겼어요.

이러한 기후 변화에 대응하기 위해 'COP(COP: 유엔기후변화협약 당사국 총회)'라 불리는 국제회의가 1995년부터 매년 개최되고 있어요. 2015년 파리에서 개최된 제21회 회의에서는 '세계 평균 온도 상승을 산업 혁명 이전과 비교하여 2℃보다 훨씬 아래로 유지하고 온도 상승을 1.5℃까지 제한하도록 노력해야 한다.'라는 '파리 협정'이 채택되었고, 각국은 이산화탄소 배출량을 줄이려고 노력하고 있어요.

아니까 뉴스 보고 대화까지 된다! 초등학생을 위한 시사용어

이런 이야기를 나누어 보아요

- 우리나라는 이산화탄소를 줄이기 위해 어떤 대책을 세웠을까?
- 우리도 할 수 있는 일이 많을 것 같아.
- 아, 들은 적 있어! 에어컨 온도 설정을… 어떻게 해야 하더라?

식량 문제

한쪽에선 부족한데 한쪽에선 버려진다?

　　SDGs(지속 가능한 발전 목표)에서는 2030년까지 전 세계의 기아(먹을 것이 없어 배를 굶주리는 것)를 없앨 거라고 선언했어요. 그렇지만 여전히 전 세계 8억 명 이상의 사람들이 만성적인 영양 부족에 시달리고 있어요. 세계에서는 모든 사람이 먹을 수 있을 만큼의 식량이 생산되고 있다는데 말이죠. 이상한 일이 아닐 수 없어요. 세계의 곡물 생산량은 연간 27억 톤 이상이에요. 비축된 식량을 합하면 전 세계 사람들이 충분히 먹고도 남을 양인데 골고루 배분되지 않는 상황이에요. 도대체 왜 그런 걸까요?

　　기아에 시달리는 많은 나라가 자연에 의존해 농작물을 재배해요. 기후 변화로 생긴 자연재해 때문에 농작물을 수확할 수 없거나, 생산한다 해도 보관 중에 산사태 또는 기온 상승으로 인해 먹을 수 없게 되는 경우가 적지 않아요. 자연재해는 식량의 공급이나 이용에도 영향을 끼쳐요. 또 식량 문제는 빈곤 문제와도 상관있어요. 충분한 소득이 없으면 식량을 생산하는 일도 확보하는 일도 힘들어지죠.

전 세계에서 생산된 식품의 3분의 1이 버려진다는 사실에도 주목할 필요가 있어요. 선진국에서는 '남긴 음식', '유통 기한이 지난 음식' 등 소비 단계에서 버려지는 식품이 많아서 '푸드 로스(food loss: 음식물 쓰레기가 아니라 먹을 수 있음에도 버려지는 식품)'가 문제가 되고 있어요. 폐기된 식품을 태우면 지구 온난화의 원인인 온실가스가 발생해요. 푸드 로스로 인해 배출된 온실가스는 이산화탄소로 환산하면 30억 톤 이상으로 전 세계 온실가스 배출량의 약 8%에 이른다고 하니 상당한 양이에요. 선진국에서는 먹을 수 있는 음식이 버려지고 개발 도상국에서는 먹을 것이 없어 굶주리는 인구가 늘어나는 '식량 불균형'은 반드시 해결해야 해요.

이런 이야기를 나누어 보아요

남은 음식을 어떻게 하면 낭비하지 않을지 생각해 보자!

집에서도 푸드 로스가 생기잖아. 뭐가 원인일까?

내가 편식하는 것도 원인이려나….

저출산 고령화

인구 감소가 가져온 선진국의 고민

　사회에서 태어나는 아이의 비율이 감소하는 '**저출산**'과 평균 수명이 늘어나 65세 이상의 노년층이 차지하는 비율이 높아지는 '**고령화**', 이 두 가지가 동시에 진행되는 상황을 '**저출산 고령화**'라고 해요. 우라나라를 비롯한 많은 선진국에서 저출산 고령화가 빠르게 진행되어 심각한 문제가 되고 있어요. 왜 저출산 고령화가 문제일까요?

　사회에서 청년층이 줄어들면 일손 즉, '**노동력**'이 줄기 마련이에요. 왜냐하면 어린이나 노인보다 청년층이 노동을 책임지고 있기 때문이죠. 일손이 부족하면 더불어 경제도 나빠져요. 또 고령 인구를 부양하기 위한 젊은이의 부담이 늘어나는 것도 문제예요. 병원에 다니는 노인 인구가 늘어나면 국가가 부담하는 의료비도 늘어나요. 그 결과 세금이 올라가기 때문에 청년층의 부담이 높아져요. 이 외에도 연금 제도의 붕괴나 지방 자치 제도의 쇠퇴 등 저출산 고령화로 인한 문제는 다양하며, 모든 문제가 사회 전반에 커다란 영향을 미쳐요.

각국은 저출산 고령화 대책을 여러 방면으로 세우고 있지만, 가장 좋은 방법은 저출산 대책을 세워 미래를 짊어질 아이들을 낳는 것이 아닐까요. 생활 양식이 다양해지며 출산은 선택이라는 삶의 방식도 널리 받아들여지고 있어요. 다양한 가치관을 존중하면서 '아이를 낳고 싶다.'라고 희망하는 사람에게 아이를 기르기 좋은 환경을 제공해야 해요. 아이를 양육하기 좋은 사회로 만드는 것은 저출산 극복을 위해 필요한 대책이에요. 고령화 대책으로서 고령자가 건강한 삶을 유지하는 것도 중요해요. 건강하면 의료비도 줄고 고령자도 계속 일할 수 있기 때문이죠. 고령자를 부담으로 여기는 사회가 되지 않도록 인식의 개선도 필요해요.

이런 이야기를 나누어 보아요

육아하기 좋은 환경은 어떤 환경이지? 엄마나 아빠께 여쭤보면 어떨까?

혼자서 육아를 하려면 정말 힘들겠어.

아이를 키우려면 돈이 많이 든다고 하던데…, 좋은 방법 없을까?

교육 문제

읽고 쓰기를 못 하는 아이가 1억 명 이상

여러분은 지금 학교에 다니는 것을 당연하게 여길지도 몰라요. 그런데 다른 세계로 눈을 돌려보면 학교에 갈 수 없는 아이들이 너무 많아요. 나고 자란 환경의 차이로 인해 받을 수 있는 교육에 격차가 생기게 된 거죠.

전 세계에서 1억 명 이상의 6~14세 아이들이 학교에 다니지 못하고 있어요. 학교에 갈 수 없는 아이들은 계산이나 글자를 배우지 못한 채 어른이 되어버려요. 이로 인해 전 세계에는 학교에 다니지 않는 아이들을 포함해 약 7억 5,000만 명이 글자를 습득하지 못했다고 해요. 글자를 모르는 사람이 많은 곳은 **개발 도상국**이라 불리는 비교적 가난한 나라예요. 이 나라의 아이들은 집이 가난해서 가사 등의 노동을 해야만 하죠. 하루 동안 쓸 물을 길어 오기 위해 편도로 몇 시간이나 걸리는 장소까지 몇 번이나 왕복하는 아이도 드물지 않아요. 그러니 학교에 다닐 시간이 없을 수밖에요. 전쟁이나 분쟁으로 학교에 가지 못하는 아이들도 있어요. 학교가 공격받거나 학교에 가는 길에 전쟁에 휩싸일 수 있기 때문에 안심하고 학교에 다닐 수 없어요. 애초에 학교나 선생님이 없는 나라도 많아요.

글자를 읽지 못하고 수학을 모르면 생활에 필요한 정보나 지식을 얻기 힘들어요. 어떨 때는 목숨에 관련된 주의 사항이나 경고를 읽지 못해 위험한 일에 노출되기도 해요. 또 필요한 기술을 배울 수 없어서 직업을 고르지도 못해요. 안정된 소득이 없으니 빈곤에서 벗어나려고 해도 벗어날 수 없어요. 이러한 일을 해결하기 위해 모든 아이가 학교에 다닐 수 있도록 UN 기관과 지원 단체에서 다양한 활동을 펼치고 있어요.

LGBT

중요한 것은 다양한 성의 이해

　인간의 성(性)은 크게 4가지 요소로 이루어졌다고 해요. '**몸의 성**', '**마음의 성**', '**성 역할**', '**성적 지향**'인데, 이러한 관점이 뒤얽혀 '섹슈얼리티(인간의 성적 정체성)'가 형성되어요. 섹슈얼리티 중에서 '**섹슈얼리티 마이너리티**'라고 하는 성 소수자를 '**LGBT**'라고 불러요.

　'LGBT'란 '레즈비언(Lesbian) = 여자를 사랑하는 여자', '게이(Gay) = 남자를 사랑하는 남자', '양성애자(Bisexual) = 성과 상관없이 사랑하는 사람', '트랜스젠더(Transgender) = 몸의 성과 마음의 성이 일치하지 않는 사람'의 앞 글자를 딴 것으로 성 소수자를 일컫는 말이에요. 오랜 시간 차별받아 왔으나 최근 들어 '다양성을 인정하자.'라는 분위기 속에서 이해하고 지지하려는 움직임이 활발해졌어요. 레

즈비언·게이·양성애자·트랜스젠더 이외의 성 소수자 전반을 포함해 'LGBTQ'(성 소수자를 지칭하는 LGBT에 Q를 더한 용어. Q는 Queer(성 소수자 전반) 혹은 Questioning(성 정체성에 관해 갈등하는 사람)을 뜻함)라고 부르기도 해요.

성 소수자를 이해하는 데에는 '커밍아웃(coming out)'도 중요한 키워드예요. 커밍아웃이란 여태껏 숨겨왔던 자신의 성 정체성을 다른 사람에게 밝히는 일을 말해요. 본인이 커밍아웃하지 않은 성 정체성을 옷차림이나 말투 등으로 마음대로 단정해서는 안 돼요. 또 커밍아웃은 반드시 본인의 의지로 이루어져야 하는 거지 다른 사람이 멋대로 성 정체성을 폭로해도 안 돼요. 본인이 원하지 않는데 다른 사람에 의해서 자신의 성 정체성이 드러나는 것을 '아웃팅(outing)'이라고 불러요. 다양성을 존중하기 위해서도 개개인의 편견 없는 이해가 필요해요.

이런 이야기를 나누어 보아요

- 동성 간의 결혼을 인정하지 않는 나라도 많잖아. 왜 그런 걸까?
- 좋아하는 사람끼리 결혼하는 건데 뭐가 문제인 거지?
- 결혼 말고도 LGBT의 인권을 보호할 법이 제대로 갖춰져 있지 않다는 점도 이상해.

SDGs

전 세계 모두가 협력하여 이루어야 할 목표

'이번 달 목표는 밝게 인사하기'처럼 학급이나 가정에서 목표를 세운 적이 있지 않나요? 이와 비슷하게 세계에서 세운 목표가 **'SDGs(Sustainable Development Goals)'**예요. 전 세계 모든 사람이 앞으로도 행복하게 살 수 있도록 2030년까지 이루어야 할 목표로 공식적으로 **'지속 가능한 발전 목표'**라고 말해요. 2015년 UN 총회가 채택한 17개의 목표는 지구에서 단 한 사람도 소외되지 않을 것을 지향해요. '빈곤 퇴치', '불평등 감소', '해양 생태계 보전'과 같이 이해하기 쉬운 말로 제시하고 있어요.

이러한 목표를 달성하기 위해서는 국가와 기업만의 노력으로는 어려워요. 한 사람 한 사람이 행동과 생각을 바꾸어야 목표 달성에 다가갈 수 있어요. 내가 지금 당장 가능한 일부터 시작해 보세요. 예를 들어 '전기 아껴 쓰기'는 목표 7의 '적정 가격의 깨끗한 에너지'를 위한 노력이고, '밥을 남김없이 먹기'는 목표 12의 '책임 있는 소비와 생산'을 위한 일이에요. '친구와 사이좋게 지내기'만으로도 차별이나 편견을 없애는 SDGs에 한 걸음 다가설 수 있어요.

SDGs의 앞 글자인 S는 'Sustainable=지속 가능한'이라는 의미의 영어 단어에서 온 거예요. 목표의 달성은 여러분 앞으로의 인생뿐만 아니라 미래의 후손들도 행복하게 살아갈 수 있게 만들어요. 풍요로운 자연이 파괴되거나 지금보다 심한 차별을 막으려면 전 세계 사람들이 행동으로 옮겨 SDGs를 달성하는 것이 중요해요.

사회 용어 약칭 퀴즈

※정답은 155페이지에 있어요.

1장에서 설명한 용어에 대한 퀴즈입니다.
약칭에 대해서 답해 주세요.

Q1 : 인터넷에서 누구와도 연결될 수 있는 서비스 'SNS'는 무엇을 줄인 말일까요?

Q2 : 성 소수자를 일컫는 'LGBT'는 무엇의 앞 글자를 딴 말일까요?

Q3 : 세계가 함께 노력해야 하는 'SDGs'의 S는 어떤 뜻의 영어 단어에서 왔을까요?

제2장

정치에 관한 키워드

더 좋은 사회로 만들기 위해 문제를 해결해 나가는 것이 정치예요. 정치에 무관심하면 우리네 삶은 나아질 수 없어요. 의견의 대립이 두려워 정치적 논쟁을 피할 것이 아니라, 서로 다른 생각을 존중할 수 있는 인간관계를 구축해야만 해요.

민주주의

무엇이든 '모두의 뜻에 따라 결정'하는 체제

여러분이 살아가는 사회에는 규칙과 제도가 있어요. 학교에도 '복도에서 뛰지 않기'라든가 '당번은 점심시간 화단에 물 주기'라든가 이런 규칙이 있지요.

모든 국민이 꼭 지켜야 하는 규칙을 정리한 것이 '**법률**'이에요. 그러면 법률은 누가 만들었을까요? 바로 '**정치인**'이에요. 그렇다고 정치인 마음대로 규칙을 정하지는 않아요. 왜냐하면 '**민주주의**'라는 제도가 있기 때문이죠.

민주주의에서는 국민이 국가의 중요한 일을 결정할 권리를 가져요. 만약 소수의 사람이 무엇이든 좋을 대로 결정하게 된다면 어떨까요? 예전에는 왕이 모든 걸 결정하거나(군주제), 몇몇 부자들이 모여서 정치를 하는(귀족제) 시대가 있었어요. 하지만 그런 식으로는 국민을 위한 정치가 이루어지기 어렵겠죠. 그래서 무언가를 결정할 때, '국민 모두의 의견을 참고해야만 한다'라는 원칙이 생겼어요. 이것이 바로 민주주의예요.

민주주의 사회에서는 모든 국민이 평등한 권리를 가져요. 실제로 법률을 만드는 건 정치인이지만, 국민이 선거로 뽑은 정치인은 국민을 대표하는 사람이에요. 그러니까 국회에서 어떤 일을 결정할 때, 정치인을 통해 국민의 의견도 확실히 전달되고 있는 셈인 거죠. 민주주의에서 모든 국민은 평등하고, 국민은 정치인을 통해서 법률이나 정책 결정에 참여하고 있어요.

아니까 뉴스 보고 대화까지 된다! 초등학생을 위한 시사용어

이런 이야기를 나누어 보아요

국민의 의견으로 결정한다고 해도 다들 같은 의견은 아니잖아.

그래서 민주주의 사회에서는 어떤 일을 결정할 때 다수결의 원칙을 적용해.

많은 사람의 의견에 따라 결정한다고? 그럼, 51명이 찬성하고 49명이 반대할 때는……?

선거와 선거권

국민을 대표하는 정치인을 뽑다

'선거'란 국민의 대표인 국회의원이나 지방 자치 단체의 대표인 지방 자치 단체장, 지방 의회 의원 등을 투표로 뽑는 일이에요. 여러분도 학급을 대표하는 학급 회장을 투표로 뽑았을 거예요. 이 또한 선거랍니다.

선거는 '선거권'을 가진 사람만이 투표할 수 있어요. 선거권이란 말 그대로 '선거에 참여해 투표할 수 있는 권리'를 말해요. 6학년 2반의 학급 위원을 뽑는 거라면 6학년 2반의 학생이 그 선거권을 가지고 있는 거예요. 반대로 6학년 3반 학생에게는 2반의 학급 위원을 뽑을 선거권이 없어요. 이처럼 선거권을 가지려면 조건이 붙어요.

예를 들어 우리나라는 만 18세 이상의 사람에게 선거권이 있어요.

일본이나 중국도 마찬가지로 만 18세 이상이 선거권을 갖지만, 오스트리아에서는 만 16세부터 선거권을 얻어요. 나라에 따라서 선거권을 얻는 조건이 다른 거죠.

'피선거권'이라는 권리도 있어요. 선거에 참여해 투표하는 권리가 아니라 자신이 선거에 입후보할 수 있는 권리를 말해요.

정치인이 되어서 더 나은 세상을 만들고자 하는 사람이라면 누구나 선거에 나갈 수 있어요. 단, 피선거권에도 선거권과 마찬가지로 나이 제한이 있답니다. 우리나라에서는 2021년 12월 피선거권을 만 25세에서 만 18세로 낮추는 공직선거법이 통과되며 만 18세 이상의 국민이 국회의원, 지방의회 등의 후보로 선거에 나갈 수 있게 되었어요. 만 40세 이상의 국민은 대통령 후보로 입후보할 수 있어요. 선거권은 국민의 중요한 권리예요. 선거권이 생기면 여러분도 소중한 한 표를 행사해 정치에 참여해 보세요.

이런 이야기를 나누어 보아요

- 투표하고 싶은 사람이 없으면 어떡하지?
- 음, 투표하러 가지 말아야 하나….
- 백지를 내야 하나… 어떻게 하면 좋을까…

국회와 삼권분립

권력이 집중되는 것을 막기 위한 제도

여러분은 보통 반에서 의논할 일이 생기면 학급 회의를 소집할 거예요. 국가에도 이처럼 여러 가지 나랏일을 의논하고 결정하는 곳이 있어요. 그것이 '국회', 국가의 의회예요.

국회는 선거로 뽑힌 정치인들이 모여 예산을 어떻게 할지(세금을 어디에 쓸지), 외국과의 관계를 어떻게 할지 등, 우리 생활이나 국가 방침에 관련된 다양한 일을 결정해요. 그중에서도 가장 중요한 국회의 역할은 새로운 법률을 만들거나 지금까지의 법률을 개정하는 일이에요. 그래서 국회를 '입법 기관'이라고 부르기도 하죠. 새로 법률을 만들거나 고치는 일은 오직 국회에서만 할 수 있어요.

국회의 역할을 알았으니 '삼권분립'에 대해서도 살펴볼까요. 삼권분립은 법률을 만드는 국회(입법권), 법률에 따라 정책을 추진하는 '정부'(행정권), 법률을 지키지 않은 사람을 재판하는 '법원'(사법권) 3개의 기관이 각각 분리하여 존재하는 제도예요. 한곳으로 모으는 게 편하지 않을까 하는 생각이 들 수도 있지만, 그렇게 하지 않은 데는 이유가 있어요.

만약 뭐든 할 수 있는 강력한 기관이 존재한다면, 누구 하나 제대로 의견도 내지 못하고 잘못된 점을 고치겠다는 마음조차 먹지 못할 수 있어요. 국민을 괴롭히는 왕이 모든 권력을 쥐고 있다고 생각해 보세요. 왕이 마음대로 법을 만들어서 자기 말을 거역하는 사람을 감옥에 집어넣는 세계말이죠. 이러한 권력의 폭주를 막기 위해 현대에 삼권분립이라는 제도가 존재하는 거랍니다.

이런 이야기를 나누어 보아요

- 삼권은 서로를 견제하고, 그 중심에서 국민이 삼권에 영향을 주는구나.
- 국민은 선거를 통해 국회에 참여하는 거네.
- 법원과 정부에는 국민이 어떻게 영향을 미치자?

양원제

신중한 논의를 위한 재확인

국회에서 여러 가지 일을 논의할 때, 한 그룹에서 논의하고 판단하는 체제를 '**단원제**'라고 불러요. 단원제를 채택한 나라에는 우리나라 외에 덴마크, 헝가리, 터키, 중국, 이집트, 이란 등이 있어요. 단원제에는 신속한 결정을 내릴 수 있다는 장점이 있어요.

단원제와 달리 두 그룹으로 나뉘어 이야기를 나누는 체제를 '**양원제**' 또는 '**이원제**'라고 해요. 미국, 영국, 독일, 일본 등의 북유럽을 제외한 선진국 대부분이 양원제를 채택하고 있어요.

가까운 이웃나라 일본의 경우를 살펴볼까요. 일본에는 '중의원'과 '참의원'이 있는데, 법률이나 예산 등을 각각 따로 논의해요. 중의원과 참의원은 구성도 달라요. 중의원의 정원(의원 수)은 465명으로 4년 임기예요. 참의원의 정원은 245명으로 6년 임기이고요. 중의원에 소속된 정치인은 중의원 의원, 참의원에 소속된 정치인은 참의원 의원이라고 불러요.

학급 회의는 두 개의 그룹으로 나누지 않고 반 친구 모두가 모여 이야기를 나누어요. 그런데 미국, 영국, 독일, 일본 등의 국회는 왜 양원제를 채택했을까요? 바로 신중한 논의를 펼쳐 알맞은 결론을 내리기 위해서예요. 인간은 누구나 틀릴 수 있어요. 그래서 일본에서는 중의원이 먼저 논의한 뒤 결론을 내린 다음, 정말로 그 결론이 괜찮은지 참의원이 한 번 더 의논하고 확인하는 거예요. 때로는 중의원과 참의원이 서로 다른 결론에 다다르기도 하는데, 그것은 신중한 논의의 결과이므로 잘못된 일이 아니에요. 양원제는 두 그룹이 따로 논의함으로써 더 좋은 판단을 내리는 체제라고 할 수 있어요.

아니까 뉴스 보고 대화까지 된다! 초등학생을 위한 시사용어

이런 이야기를 나누어 보아요

양원의 결론이 다르면 정치가 원활하지 않을 것 같아.

처리가 늦어지는 건 양원제의 단점 아닐까?

신중한 결정, 신속한 정치…… 어느 쪽이 중요할까?

헌법
국가에서 가장 중요한 법

 '헌법'은 국가의 기본 이념을 담고 있어요. 이렇게 들으니 조금 어렵게 느껴질 수도 있겠지만, 그렇게 어렵지만은 않아요. 세계 최초의 헌법은 1215년 영국에서 제정된 '마그나 카르타'예요. 그 당시의 영국은 왕이 중심이 되어 나라를 다스렸는데, 왕의 부당한 명령에 반발한 국민이 왕권을 제한하기 위해 만든 것이 마그나 카르타예요. 이러한 점에서도 알 수 있듯이 헌법은 '국민이 국가의 행동을 제한'하기 위해 만든 것이에요. 법률이 국민이 지켜야 할 규칙이라면 헌법은 국가가 지켜야 할 규칙이라고 생각하면 이해하기 쉬울 거예요.
 어떤 국가이든 각각의 헌법이 있으며, 그 국가가 어떤 나라인지, 어떤 국가여야 하는지와 같은 기본적인 원칙이 담겨 있어요. 예를

들어 우리나라에도 '**대한민국 헌법**'이 있어요. 총 10개의 장과 130개 조항으로 구성된 헌법은 대한민국이 어떤 나라인지 밝힌 '설명서'라고 말할 수 있어요. 특히 헌법이 보장하는 국민이 누려야 할 기본적인 권리를 '**기본권**'이라고 해요. 기본권에는 모든 국민이 법 앞에서 차별받지 않는 '평등권', 자유롭게 생각하고 행동할 수 있는 '자유권', 국가의 정치에 참여할 수 있는 '참정권', 기본권이 침해되었을 때 국가에 어떤 일을 해 달라고 요구할 수 있는 '청구권', 인간다운 생활을 보장하는 '사회권'이 있어요.

국민에게 헌법은 매우 중요한 법으로 헌법을 고치는 '**헌법 개정**'에는 신중한 절차가 필요해요. 우리나라는 국회의원 3분의 2 이상이 찬성하고 국민 투표에서 과반수가 찬성해야만 헌법을 개정할 수 있어요.

이런 이야기를 나누어 보아요

우리나라 헌법은 아홉 번이나 개헌이 이루어졌대.

아홉 차례나 바뀐 이유가 뭘까?

주로 대통령 임기에 관련된 개헌이 많았다고 해.

법률

국가가 국민에게 지키게 하는 법

모든 국민이 반드시 지켜야 하는 규칙이 '법률'이에요. 헌법이 '국민이 국가에 지키라고 한 규칙'이라면 법률은 '국가가 국민에게 지키도록 한 규칙'이에요. 국가는 법률을 사회의 질서 유지를 위해 사용해요. 모두가 안심하고 살 수 있도록 국가가 법률을 정해 둔 거죠.

법률은 나라마다 물론 다르지만, 상세히 만들어지고 그 수도 많아요. 예를 들어 우리나라는 홈페이지에서 확인해 보면 현행 법령이 5천 개가 넘고, 법이 다루는 대상에 따라 공법, 사법, 사회법으로 나뉘어요. 공법에는 헌법, 형법, 행정법, 민사소송법, 형사소송법 등이 있고 사법에는 민법, 상법 등이 있으며 사회법에는 노동법, 사회

보장기본법 등이 있어요.

왜 이렇게 많은 법률이 필요할까요? 법률이 없다는 건 규칙이 없다는 말이기도 해요. 규칙이 없으면 모두 마음대로 행동하기 때문에 안심하고 살기 힘든 세상이 되어버리죠. 집 근처 분리수거장만 하더라도 규칙이 없었다면 사람들이 아무 때나 쓰레기를 버려서 금세 지저분해지고 말 거예요. 사실 분리수거장 규칙처럼 누구나 알 수 있게 간단하면 좋겠지만, 사회가 복잡해짐에 따라 각각의 분야에 맞는 법률이 필요해진 거예요.

법률이 아무리 중요해도 국민을 곤란하게 만드는 터무니없는 법률이 만들어져서는 안 되겠죠. 그런 일이 생기지 않도록 헌법이 있는 거예요. 국가가 국민에게 나쁜 법률을 강요하면 국민은 '헌법으로 정해진 사항을 위반하는 일'이라고 반대할 수 있어요.

아니까 뉴스 보고 대화까지 된다! 초등학생을 위한 시사용어

이런 이야기를 나누어 보아요

헌법에 어긋나는지 아닌지는 누가 판단하는 거야?

법률, 규칙, 판결 등이 헌법에 위반되는지 아닌지 심사는 헌법재판소가 한대.

그건…, 삼권분립의… 그 기관인가?

세금

삶을 지탱하는 모두의 돈

　국민이 국가나 지방 자치 단체에 내는 돈을 '**세금**'이라고 해요. 여러분이 다니는 학교와 도서관도 세금으로 지어졌어요. 그 밖에도 다리나 도로, 신호등도 세금으로 설치한 거예요. 시청 직원, 경찰관, 소방관 등 '**공무원**'의 월급도 세금에서 나와요. 공무원은 국가 또는 지방 자치 단체의 업무를 맡아보는 사람을 말해요. 국민을 대표하는 정치인의 월급도 물론 세금에서 나와요.

　만약 세금을 아무도 내지 않으면 국가나 여러분이 사는 지역을 지탱할 자금이 고갈될 거예요. 그러면 다리가 부서져도 고칠 수 없고 학교와 도서관도 사라지고 말겠죠. 화재가 발생해 소방차를 부르려면 큰돈을 내야 할지도 몰라요. 세금은 공공시설(국가나 공공 단체가 공공의 편의나 복지를 위하여 설치한 시설과 서비스를 유지하기 위해서 꼭 필요한 것이에요.

그렇다면 어떤 종류의 세금이 있을까요? 크게 보아 국가에 내는 '국세'와 지방 자치 단체에 내는 '지방세'로 나눌 수 있어요.

국세에는 1년 동안 벌어들인 소득에 대한 소득세, 회사가 내는 법인세, 여러분이 물건을 살 때마다 내는 부가 가치세 등이 있어요. 지방세에는 자동차를 소유한 사람에게 부과하는 자동차세, 토지나 건물을 소유한 사람에게 부과하는 재산세 등이 있어요.

나라마다 세금의 종류도 다르고 세율도 달라요. 부가 가치세를 예로 살펴보면 한국과 일본, 호주는 10%인데, 중국은 13%, 스웨덴은 25%, 헝가리는 27%예요.

이런 이야기를 나누어 보아요

- 세금이 어떻게 쓰이는지는 도청이나 시청 홈페이지에서 알아볼 수 있어.
- 우리도 세금을 내게 되면 그게 어디에 쓰이는지 궁금할 것 같아.
- 어떻게 쓰이면 좋을지 생각해 보자.

택스 헤이븐

세금이 싼 국가나 지역

세금을 내는 건 중요한 일이지만, 그중에는 돈을 내기 싫어하는 사람도 있어요. 특히 1년 동안의 소득을 기준으로 해서 내는 돈이 정해지는 소득세는 소득이 높으면 높을수록 내는 세금의 액수도 커져요. 우리나라는 연간 소득이 10억 원을 넘으면 적용되는 세율이 45%이기 때문에 고액의 세금을 납입해야 해요. 그래서 부유층이라 불리는 부자나 돈을 많이 버는 기업은 최대한 세금을 적게 내려고 궁리하죠. 그래서 등장한 곳이 '**택스 헤이븐**'이라고 불리는 국가나 지역이에요.

'택스(tax)'는 '세금'이고 '헤이븐(haven)'은 '회피'라는 의미로, 택스 헤이븐은 한국말로 하면 '세금 회피'예요. 신문 등에서는 택스 헤이븐을 '조세 피난처'라고 쓰고 있어요. 택스 헤이븐은 세율이 낮아 징수되는 세금이 매우 싼 나라나 지역을 의미해요.

버진 제도, 케이맨 제도, 파나마 등 카리브해에 있는 섬들이나 네덜란드, 스위스, 룩셈부르크와 같은 국가들이 택스 헤이븐이라고 불려요. 이러한 나라와 지역은 소득세나 법인세의 세율이 매우 낮아서 세금을 싸게 내려는 사람과 기업이 모여들어요. 심지어 현지에 거주할 필요도 없어요. 소문에 따르면 전 세계 돈의 10%가 택스 헤이븐에 집중되어 있다고 하는데, 모두 세금을 싸게 내려는 속셈 때문이겠죠. 택스 헤이븐의 이용이 합법이라고는 하지만, 빈부 격차의 확대나 테러 조직이 자금 운용을 위해 이용하는 등 문제점도 많아요.

아니까 뉴스 보고 대화까지 된다! 초등학생을 위한 시사용어

이런 이야기를 나누어 보아요

나라마다 다른 세율 차이를 이용해서 세금을 줄이는 거 어떻게 생각해?

치밀하다고 해야 할지 치사하다고 해야 할지 …… 복잡하네.

근데 부유층만 이득을 보는 건 문제 아닐까? 돈은 전 세계에 골고루 분배되어야 하는데 말이야.

공적 연금 제도

노후의 삶을 보장하는 제도

앞으로 나이가 들어 일할 수 없거나 사고 등으로 장애가 생기게 되었을 때, 생활을 보장받을 수 있도록 모든 국민이 비용을 부담하는 제도를 '공적 연금 제도'라고 해요. 각국은 다양한 형태의 공적 연금 제도를 마련해 두었는데 제도의 내용은 조금씩 달라요.

우리나라의 연금 제도를 살펴볼까요. 일정 연령이 되면 정기적으로 수령할 수 있는 돈이 '연금'이에요. 우리나라는 출생 연도에 따라 연금의 지급 시기가 달라요. 예를 들어 1969년 이후 출생한 사람은 65세 이상이 되면 연금을 받게 되어 있어요. 누구나 일하는 동안에는 돈을 벌어요. 그런데 나이가 들어 일을 그만두면 들어오는 돈이 없어지죠. 저축을 많이 해 둔 사람은 상관없겠지만 당장 월급이 없으면 생활이 어려워지는 사람도 있어요. 그래서 65세 이상의 국민에게 나라에서 연금을 지급하는 거예요.

누구나 무조건 연금을 받느냐, 그건 또 아니에요. '연금 보험료'를 낸 사람만이 연금을 받을 수 있어요. 18세 이상 60세 미만의 국민은 의무적으로 국민연금에 가입해야 해요. 젊을 때 조금씩 돈을 납부해 두고 65세 이상이 되었을 때 연금을 받게 되는 거죠. 65세가 아니어도 질병이나 사고로 일할 수 없게 되거나 목숨을 잃었을 때도 남겨진 가족에게 돈이 지급되어요.

연금은 안심하고 살기 위해 필요한 제도이지만 문제점도 있어요. 재원이 부족하다는 점이에요. 한국은 '저출산 고령화'가 사회 문제로 드러나고 있어요. 연금은 소득 활동을 하는 사람이 납부하는 보험료를 모아서 고령자 등에게 돈을 지급하는 체제인데, 일할 사람은 줄고 고령자가 늘면 지불해야 할 돈이 막대해지겠죠.

이런 이야기를 나누어 보아요

저출산 고령화가 심해지면 나중에 받을 연금이 줄어들 거라고 들었어.

그럼 보험료를 안 내고 각자 저금하는 게 나은 거 아냐?

그런가? 다들 그렇게 하면 어떻게 될까?

아니까 뉴스 보고 대화까지 된다! 초등학생을 위한 시사용어

외교

나라와 나라의 교류

현재 전 세계에는 196개의 나라가 있어요. 이 나라들이 모두 사이가 좋으면 평화롭고 행복할 텐데 현실은 그렇지 않아요. 사이가 좋은 나라도 있지만, 겉으로만 사이좋은 척하는 나라, 싸우고 있는 나라 등 다양한 모습을 보여요. 이렇게 다양한 나라와 좋은 관계를 유지하기 위해서 이루어지는 경제, 안전 보장의 교섭, 서로 간의 협력 관계를 협의하는 정상 회담, 서로의 문화에 대한 이해를 높이는 이문화 교류회, 공동 군사 연습 등의 모든 교류 활동을 '외교'라고 해요. 쉽게 말해 나라와 나라 사이의 교제인데 이해관계가 얽힌 경우가 많아서 모든 나라가 자국의 이익을 우선순위에 두고 다른 나라와 교류하고 있어요.

외교를 담당하는 부서는 외교부라고 생각할 거예요. 두말할 필요 없이 외교부에서 일하는 사람들은 외교를 위해 꼭 필요한 존재예요. 외교부 직원은 외국어를 잘할뿐더러 다른 나라와 지역에 관련된 지식, 조약과 같은 국제적인 결정 등 외교에 필요한 지식을 가지고 있어서 그야말로 외교 활동의 전문가라고 말할 수 있어요.

하지만 대통령이나 외교부 장관을 비롯한 정치인, 그들을 보좌하는 각 부처 직원 그리고 각국의 대사관에서 일하는 사람들도 외교를 맡고 있어요. 또 민간의 다국적 기업도 외교를 하고 있답니다. 정부와 정부 사이의 공식 외교가 아닌 민간 차원에서 이루어지는 외교를 '민간 외교'라고 부르는데 국교가 없는 나라 사이에서도 자주 이루어져요.

핵 군축

'핵무기 없는 세계'를 꿈꾸며

　인류가 발명한 가장 무서운 무기가 '핵무기'예요. 제2차 세계대전 때 미국에서 개발된 핵폭탄은 당시 미국과 전쟁 중이던 일본에 투하되었어요. 1945년 8월 6일 히로시마에, 9일에는 나가사키에 핵폭탄이 떨어져 많은 이들이 목숨을 잃었어요.

　이 같은 비극을 두 번 다시 반복하지 않도록 세계 유일의 피폭국인 일본은 핵무기를 '만들지 않는다. 갖지 않는다. 들여오지 않는다.'라는 '비핵 3원칙'을 선언하며 핵무기를 없애자는 입장을 유지하고 있어요. 하지만 제2차 세계대전이 끝난 뒤, 핵보유국은 늘어나기 시작했고 여전히 많은 나라가 핵무기를 보유하고 있어요.

　오늘날 핵무기를 보유한 나라는 미국, 러시아, 중국, 영국, 프랑스,

이스라엘, 인도, 파키스탄, 북한 9개국이지만, 새롭게 핵무기를 만들려는 나라도 있어요.

무시무시한 핵무기를 없애자는 국제적인 움직임도 있어요. 단계적으로 핵무기의 보유량을 줄이려는 시도가 '**핵 군축**'이에요. 국제 조약인 '**NPT**(핵 확산 금지 조약)', 미국과 러시아가 맺은 핵무기를 제한하는 조약 '**New START**(신 전략 무기 감축 조약)', '**CTBT**(포괄적 핵 실험 금지 조약)' 등의 대책이 있어요.

2014년 미국의 오바마 대통령(당시)의 주도로 시작한 '**IPNDV**(핵 군축 검증 국제 파트너십)'는 핵을 가진 나라와 핵을 가지지 않은 나라가 함께 논의하는 프로젝트로서 기대를 모았어요.

아니까 뉴스 보고 대화까지 된다! 초등학생을 위한 시사용어

이런 이야기를 나누어 보아요

핵무기를 쓰면 지구 전체에 피해가 갈 수도 있대.

그렇게 무서운 무기를 대량으로 가지는 이유가 뭘까?

전 세계 핵무기의 90%는 미국과 러시아가 보유하고 있대.

국제연합

세계 최대의 국제기구

'국제연합(UN)'은 제2차 세계대전이 끝난 뒤인 1945년 10월에 창설된 세계에서 가장 중요한 국제기구예요. 본부는 미국 뉴욕에 있고 세계 대부분의 국가인 193개국이 가입되어 있어요.

유엔의 역할은 크게 두 가지예요. 첫 번째는 '평화와 안전의 확립'이에요. 어떤 국가가 전쟁이나 무력 행사 등 평화를 위협하는 행동을 했을 때, 국제연합은 **'국제 연합군'**을 파견해 **'PKO(유엔 평화 유지 활동)'**를 수행하기도 해요. 지금도 아프리카, 중동, 아시아, 유럽에 국제 연합군이 파견되어 있으며, 현지의 치안 유지를 위해 활동하고 있어요.

두 번째 역할은 '국제 협력의 달성'이에요. 경제적·사회적·문화적인 국제 문제를 해결하고, 인종·성별·언어·종교에 따른 차별을 없애기 위해서 여러 나라가 협력하는 체제를 만드는 일이에요.

유엔에는 '총회·안전보장이사회·경제사회이사회·신탁통치이사회·국제사법재판소·사무국' 6개의 주요 기관이 있고 더불어 15개의 전문 기관이 있어요.

특히 큰 힘을 가진 기관이 '**안전보장이사회(안보리)**'예요. 안보리는 국제 평화와 안전을 유지하기 위해 국제 연합군의 파견 등 다양한 일을 결정해요. 안보리는 미국, 영국, 러시아, 프랑스, 중국 5개의 상임 이사국과 2년마다 바뀌는 10개국의 비상임 이사국으로 구성되어요. 상임 이사국은 매우 강한 권한을 가지고 있어 한 국가라도 의결에 반대(거부권)하면 그 결정은 실행되지 않아요.

아니 까 뉴스 보고 대화까지 된다! 초등학생을 위한 시사용어

이런 이야기를 나누어 보아요

상임 이사국 사이에 이해관계가 대립하면 안보리는 제 기능을 할 수 없겠어.

거부권을 가진 상임 이사국을 둔 단점이네.

그럼 장점에는 뭐가 있을까?

서밋

1년에 한 번 열리는 세계 주요국 정상 회담

경제력을 갖추고 국민의 교육 수준이 높으며 기술력도 보유한 나라를 '잘 사는 나라'라고 일컬어요. 잘 사는 나라는 다른 나라에 모범을 보이며 앞장서서 세계의 여러 문제를 해결하기 위해 노력해야 해요.

이렇게 세계를 위해 앞장서야 할 미국, 영국, 프랑스, 독일, 일본, 이탈리아, 캐나다의 대표가 1년에 한 번 모여 다양한 의제에 대해서 논의하는 회의가 '서밋(summit)'이에요. 한국말로 '주요국 정상 회담'이라고 해요. 또 참가국이 7개국인 점에서 'G7(Group of Seven)'으로 줄여 부르기도 해요.

서밋은 1975년 프랑스 랑부예에서 처음으로 열렸으며 캐나다를 제외한 6개국이 참가했어요. 2020년 미국에서 열릴 예정이었던 제46회 서밋은 코로나19 바이러스 감염병의 유행으로 중단되었어요.

　1998년부터 2013년까지는 러시아도 회의에 참석해서 'G8'이라고 불렀지만, 러시아는 2014년에 크림반도 강제 병합으로 비판받아 참가 자격을 박탈당했어요. 최근에는 7개국 정상뿐만이 아니라 한국, 중국, 인도, 브라질, 멕시코, 남아프리카 등의 정상을 초청해 회의를 함께 하기도 해요. 2021년 6월 영국 콘월에서 개최된 G7 정상회의에 우리나라는 호주, 인도, 남아프리카공화국 등과 함께 초청되면서 국제적으로 높아진 위상을 보여주었어요.

아니까 뉴스 보고 대화까지 된다! 초등학생을 위한 시사용어

이런 이야기를 나누어 보아요

- 서밋에서 논의되는 주제는 어떤 내용일 것 같아?
- 역시 국제 문제겠지. 구체적으로 어떤 게 있을까?
- 선진국의 역할이라고는 하지만, 일곱 나라만 모여 논의한다는 게 마음에 걸려.

EU와 브렉시트

'하나의 유럽'에서 탈퇴한 영국

경제력·기술력이 강한 나라들이 모여 있는 유럽은 과거에 몇 번이나 큰 전쟁을 치렀어요. 그래서 평화로운 유럽을 실현하기 위해 다양한 기관이 제2차 세계대전이 끝난 뒤에 탄생했어요. 바로 EEC(유럽 경제 공동체), ECSC(유럽 석탄 철강 공동체), EAEC(유럽 원자력 공동체)예요. 그리고 이 세 기관을 통합해 EC(유럽 공동체)라고 불렀어요. EC를 통해 유럽은 하나가 되어 평화를 유지하며 발전해 나가려고 했던 거죠.

그런 유럽을 명실공히 '하나의 유럽'으로 만든 것이 1993년에 맺어진 마스트리흐트 조약이에요. 이 조약으로 유럽의 연대감은 더욱 강해졌고 현재 27개국이 가입한 'EU(유럽 연합)'가 탄생했어요.

EU는 통화를 통일해 2002년부터 단일 화폐인 '유로'를 사용하기 시작했어요. 오늘날 프랑스, 독일, 이탈리아, 스페인 등 유럽의 대부분 국가가 유로를 사용해요.

그렇지만 EU 중에는 불만을 가진 나라도 있었어요. 영국은 2020년 1월 31일에 정식으로 EU에서 탈퇴했어요. 영국을 뜻하는 단어 'British'와 출구를 뜻하는 'exit'를 합성해 영국의 EU 탈퇴를 '<u>브렉시트(Brexit)</u>'라고 불러요. 영국은 EU에 내야 할 분담금이 높은 점이나 EU의 규제를 벗어나 자유로운 무역을 하겠다는 점 등을 이유로 탈퇴를 선택했어요. 앞으로 영국처럼 이탈하는 나라가 늘어나면 '하나의 유럽'이 무너질지도 몰라요.

아니 까 뉴스 보고 대화까지 된다! 초등학생을 위한 시사용어

이런 이야기를 나누어 보아요

영국 내에서도 찬반이 나뉘었던 유럽 연합 탈퇴를 영국은 어떻게 결정했을까?

최종적으로는 국민 투표였지만 그 투표 결과가……, 검색해서 조사해 보니 흥미로워.

국제적으로는 어떤 영향이 있었을까?

OPEC

석유 가격을 조절하는 국제기구

석유가 채취되는 나라를 산유국이라고 해요. 산유국이 운영하는 국제기구가 'OPEC(오펙)'이고요. 한국말로는 '석유 수출국 기구'라고 부르죠. 1960년 설립 당시에는 가입국이 이란, 이라크, 쿠웨이트, 사우디아라비아, 베네수엘라 5개국이었지만, 현재는 13개국이 가입되어 있어요.

OPEC의 목적은 가입된 산유국의 이익을 보호하는 일이에요. 석유를 너무 많이 생산하면 가격이 내려가게 되죠. 그래서 OPEC은 원유 생산량을 조절하는 등 석유 가격이 너무 내려가지 않도록 방어하는데, OPEC 회원국 사이에서도 의견이 갈리는 경우가 많은 모양이에요. 또 미국, 러시아 등 산유국 중에서도 OPEC에 가입하지 않은 나라도 많아요.

석유 문제는 OPEC이 주도권을 쥐고 있다고 볼 수 있겠네?

아냐, 주도권 쟁탈에 뛰어든 세력이 있대. 이 것을 '셰일 혁명'이라고 하던데.

석유 가격은 우리에게 민감한 문제잖아. 기름값이나 비행기 티켓……. 또 뭐가 있지?

원자력 발전

핵분열을 이용한 발전

우리 생활에 꼭 필요한 전기는 발전기를 돌려 만들어요. 자전거의 페달을 굴리면 불이 들어오는 것과 같은 원리죠.

발전소에서도 발전기를 돌려서 전기를 생산하는데, 석유나 석탄, 천연가스 등의 연료를 이용한 '**화력 발전**', 댐에 저장한 물을 이용한 '**수력 발전**', 그리고 '**원자력 발전**' 등이 있어요. 원자력 발전은 우라늄이라는 물질이 핵분열할 때의 에너지를 이용해요. 지구 온난화의 원인인 CO_2(이산화탄소)의 배출량은 줄일 수 있지만, **핵연료봉**(핵연료인 우라늄의 원형 막대) 등의 유해한 폐기물이 남아요. 더군다나 2011년 3월 '**후쿠시마 제1원전 사고**(일본 동북부 지방에서 일어난 대지진과 지진 해일로 인해 방사능이 누출된 사고)'와 같은 큰 사고가 일어날 수도 있어요.

아니까 뉴스 보고 대화까지 된다! 초등학생을 위한 시사용어

이런 이야기를 나누어 보아요

- 화력, 수력, 원자력 각각의 발전에 어떤 장단점이 있는지 정리해 보자.
- 전기는 꼭 필요한 자원인 만큼 잘 알아두면 좋을 것 같아.
- 전기를 낭비하지 않는 것도 중요해.

정치 용어 약칭 퀴즈

※ 정답은 155페이지에 있어요.

2장에서 설명한 용어에 대한 퀴즈입니다.
약칭에 대해서 답해 주세요.

Q1 : 권력이 집중되지 않도록 입법권, 사법권, 행정권으로 나눈 체제가 '○권 분립'

Q2 : 국회에서 신중한 논의를 펼치기 위해 많은 선진국이 채택하고 있는 제도는 '○원제'

Q3 : 일 년에 한 번 세계 주요국이 모여 다양한 문제에 대해 논의하는 서밋의 별칭은 'G○'

제3장

경제에 관한 키워드

상품을 생산하고 분배하고 소비한다…
이러한 연결을 경제라고 해요. 사람과 사람, 기업과 기업, 나라와 나라, 각각의 연결을 파악하면 경제에 대한 이해도 깊어질 거예요.

자본주의

자유로운 경쟁으로 발전하는 경제

여러분이 커서 어른이 되면 직업을 갖고 일한 만큼의 돈을 벌어 스스로 생활을 꾸려나갈 거예요. 이렇게 일한 만큼 돈을 버는 체제를 '**자본주의**'라고 해요.

자본주의는 '**자본가**'와 '**노동자**' 관계를 기본으로 성립되어요. 자본가는 자본(생산 수단)을 가진 사람이에요. 예를 들어 공장을 가진 사람은 공장에서 자동차를 만들어 그걸 팔아서 돈을 벌어요. 그렇지만 혼자서는 자동차를 만들 수 없으니 많은 사람을 고용해야 해요. 고용된 사람들은 공장에서 자동차를 만들고 그 대가로 돈을 받아요. 이러한 경우에 사람을 고용한 공장의 소유자가 자본가이고 공장에서 일하는 사람이 노동자예요. 사장과 회사원의 관계라고 생각해도 좋아요.

　자본주의 사회에서 자본가는 공장을 늘리거나, 자동차 말고 다른 상품을 만들거나, 새로운 서비스를 내놓아 돈을 벌기 위해 노력해요. 또 자본을 늘리려는 자본가들은 시장(상품이나 서비스를 파는 장소)을 차지하려고 경쟁을 벌이죠. 이러한 경쟁을 '**자유 경쟁**'이라고 해요. 자유 경쟁으로 인해 더 좋은 물건과 서비스가 생기고 경제가 발전하는 것이 자본주의의 특징이에요.

　하지만 경쟁에는 반드시 승자와 패자가 나뉘어요. 자본주의 체제에서 경쟁이 심해지면 자본가와 노동자의 빈부 격차는 커지고 사회 격차가 벌어져요. 또 상품을 만들기 위해 자원이 대량으로 쓰이기 때문에 환경 파괴도 일어나요. 자본주의의 단점이라고 말할 수 있어요.

이런 이야기를 나누어 보아요

- 자본주의와 대조적인 체제에는 '사회주의'가 있어.
- 대조적이라면 경쟁이 없고 모두 평등하다는 말인가?
- 사회주의에도 장단점이 있을 것 같아.

주식과 주식 투자

회사는 이렇게 투자금을 모은다

자본주의 세계에서 자본가는 자신의 회사를 크게 키워서 이익을 늘리고자 해요. 그렇게 회사를 키우려면 자금이 필요하겠죠. 5층 건물을 10층 건물로 높인다든지, 공장에 새로운 기계를 도입한다든지, 직원 수를 늘린다든지 해야 하니까요.

회사를 키우고 싶지만, 자금이 부족하다 — 그럴 때 유용한 방법이 '**주식**'을 만들어 파는 거예요. 주식은 회사에서 발행하는 증서로 회사를 응원하는 사람에게서 자금을 모으기 위한 수단이에요. 그 회사가 성장하길 바라는 사람은 회사에 돈을 내고, 그 대신 회사는 '당신은 우리 회사를 응원하는군요.' 하고 돈을 투자했다는 증명의 표시로 주식을 건네요. 즉, 주식을 매매하는 거예요.

주식을 산 사람들은 '**주주**'라고 불리며 회사 경영에도 참여할 수 있어요. 돈을 투자했으니 회사에 의견을 제시하는 것도 가능한 거죠. 이 밖에도 회사의 이익금을 주식 수에 따라서 주주에게 나누어 주는 '배당'도 있어요.

주식이 가진 가치를 '**주가**'라고 하는데 그 가격은 날마다 바뀌어요. 예를 들어 여러분이 어떤 회사의 주식을 샀다고 가정해 보세요. 그 회사가 실적이 좋아져 큰 수익을 올리면 주식 가격은 상승하는데, 그 시점에 그 주식을 팔면 여러분에게 이익이 생겨요. 반대로 실적이 나쁘면 주식 가격은 내려가요. '**증권 회사**'를 통해 누구나 주식을 사고팔 수 있어서 자산을 늘리려는 사람들은 '**주식 투자**'를 하기도 해요.

이런 이야기를 나누어 보아요

- 내가 좋아하는 제품을 파는 회사의 주가를 보는 것도 재미있겠어.
- 인기 게임이 나오면 게임 회사 주가도 오르려나?
- 장난감이나 과자 회사라면 우리도 주가 변동의 이유를 알 수 있지 않을까.

환율

우리나라 돈과 외국 돈을 교환하는 비율

 "오늘 외환 시장에서 원 달러 환율은 전 거래일보다 10원 오른 1,310원으로 마감했습니다."라는 뉴스를 들어본 적이 있나요? 어려운 용어가 많이 나와서 무슨 말인지 잘 모르겠다고요? 하지만 그렇게 어렵지 않아요. 오히려 우리 생활과 아주 밀접하지요.

 '환'의 원래 의미는 현금을 직접 교환하지 않고 어음(정해진 날짜에 돈을 주겠다고 약속한 문서)이나 수표(돈을 쓸 수 있게 일정한 금액을 적은 종이), 증서(사실을 증명하는 문서)를 이용해 결제하는 것을 말해요. '내국환(한 나라 안에서 거래를 결제할 때 쓰는 환어음)'과 '외국환(외국과의 거래를 결제할 때 쓰는 환어음)' 두 개로 나뉘는데 먼저 여기서는 외국환의 이야기를 할 거예요.

 외국환이란 우리나라 돈과 외국 돈을 교환하는 거래라고 할 수 있어요. 여러분이 미국에서 파는 10달러짜리 상품을 사려면 미국 돈인 '달러'가 필요해요. 하지만 여러분에게는 한국 돈인 '원'밖에 없어요. 이대로는 상품을 살 수 없기 때문에 원을 달러로 교환할 필요성이 생기죠. 10달러로 바꾸는 데 얼마를 내야 하는지는 **'환율'**로 결정되어요.

예를 들어 원을 달러로 바꿀 때, 환율이 '1달러 = 1,000원'이면 1,000원을 1달러로, 10,000원을 10달러로 바꿀 수 있어요. 그런데 환율은 계속 바뀌기 때문에 그다음에 1달러=1,100원이 되면 1,000원을 가지고는 1달러로 교환할 수 없어요. 말하자면 달러가 100원 비싸지고 원이 100원 싸진 것으로 **'원화 약세**(원저)**'**가 된 거예요. 반대로 1달러=900원이 되면 1,000원을 1달러로 교환할 수 있는 데다가 100원을 거스름돈으로 받을 수 있어요. 이때는 달러가 싸지고 원이 비싸져서 **'원화 강세**(원고)**'**라고 말해요.

이런 이야기를 나누어 보아요

환율 변동은 우리가 쓰는 물건 가격에도 영향을 준대.

맞아! 휘발유 같은 건 외국에서 수입하는 거니까….

그럼… 원화 약세가 되면 원화의 가치가 내려가니까 휘발유 가격은 오를까? 내릴까?

무역

나라 간에 상품이나 서비스를 사고파는 일

　외국에서 상품이나 서비스를 사들이거나 반대로 국내의 상품이나 서비스를 외국에 파는 일을 '**무역**'이라고 해요.
　만약 무역이 이루어지지 않는다면 어떨까요. 국내에서 생산되는 농작물만 먹어야 하고, 석유나 철광석 등 자원이 부족한 나라는 연료 부족으로 자동차를 운행할 수 없으며, 다양한 제품을 만드는 일도 어려워질 거예요. 재미있는 컴퓨터 게임도 외국에서 만들어졌다면 즐길 길이 없겠죠. 무역을 통해 전 세계 나라와 거래를 하는 덕택에 여러분은 다양한 물건과 서비스를 이용할 수 있게 되었고 삶이 더 풍요로워진 거랍니다.
　무역에서 외국의 상품이나 서비스를 사들이는 것을 '**수입**', 그 반대로 상품이나 서비스를 외국에 파는 것을 '**수출**'이라고 해요. 외국에서 상품을 사 오거나 외국에 상품을 판매하는 창구 역할을 하는 곳이 '**무역 회사**'인데 금전 거래는 앞에서 설명한 환 체제를 이용해요.

다른 나라에 지불하는 수입액이 우리나라가 받는 수출액보다 크면 '**무역 적자**'라고 해요. 한편 다른 나라 제품이 싸고 성능이 좋으면 수입량이 늘어나게 되고 우리나라 제품이 팔리지 않게 되므로 국내 기업이 곤란해질 수 있어요. 가능하면 무역을 통해 모든 나라가 풍요로워져야 해요. 이런 이유에서 수입이나 수출이 너무 늘어나는 것을 방지하기 위해서 '관세'가 도입된 거예요. 관세는 무역할 때 내는 일종의 '수수료'로 국가의 수입원이기도 하고 무역으로 발생하는 부정적인 면을 누그러뜨리는 효과가 있어요.

이런 이야기를 나누어 보아요

- 우리나라에서 뭘 수출하고 수입하는지 알고 있어?
- 음, 자원 같은 건 수입이 많지 않을까.
- 어느 나라와 무역을 하는지도 궁금해.

공정 무역

공정한 무역으로 모두가 행복하게

무역은 물건을 매매한다는 의미에서 장사와 비슷해요. 물건을 싸게 산 다음 비싸게 팔아서 이득을 취하는 것이 장사의 원칙이니 무역 회사도 되도록 물건을 싸게 구매하려고 생각하겠죠. 그 결과 힘이 없는 생산자는 정당한 가격으로 거래하지 못해 빈곤에서 벗어나지 못하는 문제가 발생해요.

초콜릿 원료인 카카오 열매를 예로 들어 설명할게요. 카카오 산지의 대부분은 개발 도상국이라 불리는 가난한 나라들이에요. 이러한 나라들은 농장에서 카카오를 재배한 다음 다른 나라로 수출을 해요. 그런데 카카오를 구매하는 기업은 생산자보다 유리한 위치에 있으므로 농장에서 일하는 사람들에게 매우 적은 돈밖에 주지 않아요.

반면 카카오를 수입한 기업은 초콜릿 과자를 만들어 카카오 원가보다 몇 배나 비싼 가격으로 판매해요.

어딘가 이상하지 않나요? 카카오가 없으면 초콜릿도 만들 수 없는 건데 카카오를 수입해서 판매하는 기업이 농장에서 일하는 사람들의 임금을 깎아서 더 많은 이익을 남기고 있다는 사실이요.

안타깝게도 이런 식의 무역은 생산자의 생활을 조금도 나아지게 할 수 없어요. 이러한 불평등을 개선하려는 움직임이 '**공정 무역**'이에요. 공정 무역에서는 개발 도상국에서 생산된 농산물이나 제품을 정당한 가격으로 구매해요. 이를 통해 개발 도상국 사람들의 더 나은 삶을 보장하고 환경 파괴 등도 막을 수 있어요.

이런 이야기를 나누어 보아요

- 공정 무역이 확대되려면 기업뿐만이 아니라 소비자의 행동도 중요해.
- 공정 무역 상품에는 인증 라벨이 붙는다고 들었어.
- 그렇구나. 어떤 상품이 있는지 마트에서 살펴봐야겠어.

GDP
그 나라의 소득 수준을 나타내는 지표

일정 기간 새롭게 생산된 상품이나 서비스의 부가 가치(생산 과정을 거쳐 새로 만들어 낸 가치)를 나타낸 수치가 'GDP(국내총생산)'예요. 간단히 말해 '그 나라에서 벌어들인 돈의 합계'를 가리켜요. 이렇게 들으니 참 어렵지 않죠. GDP가 높을수록 그만큼 경제 활동이 활발하고 잘 사는 사회라고 볼 수 있어요.

조금 더 자세히 GDP를 살펴볼게요. 자동차 회사가 1,000만 원으로 자동차를 만들어 그것을 1,500만 원에 팔았다고 가정해 봅시다. 원래는 1,000만 원이었던 가치가 1,500만 원이 되어서 <1,500만 원-1,000만 원=500만 원>으로 자동차 회사는 500만 원의 가치를 새롭게 만들어요. 이렇게 벌어들인 500만 원이 GDP가 되는 거예요.

새로운 가치가 쌓이면 GDP도 늘어나기 때문에 그 나라의 경제는 성장하고 있다고 판단해요. 세계 최대의 GDP를 자랑하는 곳은 미국이에요. 2위는 중국, 3위는 일본이고 우리나라는 10위이에요.

하지만 GDP도 완벽한 지표는 아니에요. 인구가 많으면 상품이나 서비스의 거래 금액도 커지기 때문에 GDP도 높아져요. 국민 1인당 GDP를 계산하면 순위는 완전히 바뀌어서 1위가 룩셈부르크 2위가 아일랜드이고 미국은 8위, 중국은 74위, 일본은 25위이에요. 그리고 우리나라도 33위로 바뀌어요. 즉 전체 GDP에 빈부의 격차는 반영되지 않은 셈이죠. 이 밖에도 경제 성장을 돈으로 환산하는 GDP에는 봉사 활동이나 가사 노동 같은 일은 반영되지 않으며, 생산되는 것이 없는 주식 등의 투자로 얻은 이익도 포함되지 않아요. GDP는 그 나라의 경제 규모를 가늠하는 하나의 지표에 불과하니 다른 지표와 함께 살펴볼 필요가 있어요.

이런 이야기를 나누어 보아요

인플레이션과 디플레이션

물건 가격이 오르락내리락

'경기가 좋다'든지 '경기가 나쁘다'든지 이런 말을 들어본 적이 있을 거예요. '경기가 좋다=경제 활동이 활발하다', '경기가 나쁘다=경제 활동이 활발하지 않다'라는 의미예요. '경기가 좋다/나쁘다'의 판단 기준이 몇 가지 있는데 여기서는 '인플레'와 '디플레'라는 용어를 알아보도록 해요.

인플레는 바로 '인플레이션'을 말해요. 인플레이션이 일어나면 상품이나 서비스의 가격이 계속 올라가요. 지금까지 1,000원에 샀던 물건이 1,200원을 내지 않으면 살 수 없게 되는, 즉 물건의 가치가 오르고 돈의 가치가 떨어지는 상태가 인플레이션이에요. 정부의 재정 정책 등으로 통화량(나라 안에서 실제로 쓰고 있는 돈의 양)이 늘어나거나, 경제가 성장하고 있을 때 자주 일어나기 때문에 인플레이션이 되면 '경기가 좋아졌다'라고 판단할 수 있어요. 상품 가격이 오르면 생활이 힘들어지지 않을까 걱정될 수도 있겠지만, 그만큼 월급 같은 소득도 오르기 때문에 인플레이션은 경기가 좋다고 판단하는 지표가 될 수 있어요.

인플레의 반대 현상이 디플레예요. 상품이나 서비스의 가격이 계속 내려가는 것을 정확히는 '**디플레이션**'이라고 불러요. 물건의 가치는 내려가고 돈의 가치가 올라가는 상태이죠. 디플레이션은 불경기와 함께 생기는 경우가 많아서 '경기가 나빠졌다'라고 판단하기도 해요.

인플레이션으로 상품의 가격은 오르는데 소득은 내려가는 '**스태그플레이션**'이라는 현상도 있어요.

이런 이야기를 나누어 보아요

정부의 재정 정책으로 인해 시중에 도는 통화량이 조정되면서 인플레이션이나 디플레이션이 일어나는구나.

그럼… 시중에 돈의 양이 늘면 돈의 가치가 하락하니까… 어느 쪽이 되는 거지?

돈의 가치가 내려가면 이익을 보는 사람과 손해를 보는 사람으로 나뉘겠어.

GAFA와 BATH

경제의 중심은 IT 기업에!

거대 기업이 경제를 이끌어 가는 건 예나 지금이나 다르지 않아요. 제2차 세계대전이 끝나고 나서 많은 나라에서는 자동차를 만드는 기업과 철강을 생산하는 제조업이 경제의 중심이었어요. 그러던 것이 2000년대로 접어들자 인터넷 기술을 이용한 IT 기업의 활약이 두드러지게 되었죠. 그리고 현재 IT 업계의 선두를 차지하며 세계적으로 큰 영향력을 발휘하는 거대 기업이 'GAFA'와 'BATH'에요.

GAFA는 단일 기업의 이름이 아니에요. 미국에 거점을 둔 네 기업으로, 'G=Google', 'A=Apple', 'F=Facebook', 'A=Amazon'의 앞 글자를 따서 GAFA라고 불러요. 이 네 기업의 시가 총액(회사의 가치)은 약 5,400조 원이 넘어요.

한편, BATH는 중국을 대표하는 네 기업이에요. 'B = Baidu', 'A = Alibaba', 'T = Tencent', 'H = HUAWEI'의 앞 글자를 따서 BATH라고 불러요. Huawei는 상장되어 있지 않아서 시가 총액을 알 수 없지만, 나머지 세 기업의 시가 총액만으로도 약 1,800조 원이에요.

GAFA와 BATH 여덟 기업은 각각 '검색 엔진', '통신 기기', 'SNS', '전자 상거래 사이트'와 같은 IT 사회에 꼭 필요한 것을 만들어 내고 있어요. 또 높은 기술력으로 성장하며 이미 방대한 개인 정보도 보유하고 있는 터라 앞으로 더욱 발전하리라 내다보고 있어요. 고속 통신 기술 '5G'나 인공 지능 'AI' 등 차세대 기술을 이용한 세계 경제의 패권 다툼은 앞으로도 계속될 전망이에요.

아니 까 뉴스 보고 대화까지 된다! 초등학생을 위한 시사용어

이런 이야기를 나누어 보아요

세계적으로 영향력 있는 여덟 기업은 왜 미국과 중국에 집중되어 있을까?

우리나라에서도 GAFA나 BATH 같은 기업이 나올 수 있을까?

그런 기업이 탄생하기 좋은 환경이나 조건은 뭘까?

크라우드 펀딩

내 꿈을 이루고 누군가의 꿈도 응원할 수 있다!

미래에 여러분이 영화를 만들고자 한다고 가정해 봅시다. 흥미진진한 시나리오는 이미 준비되어 있어요. 하지만 영화를 촬영하려면 돈이 필요하죠. 배우와 스태프의 인건비, 카메라, 편집 기자재 등도 준비해야 하니까요. 아이디어와 의욕은 넘치나 자금이 부족하다 ─ 이때 도움을 받을 수 있는 것이 '크라우드 펀딩'이에요. 크라우드(Crowd)는 '군중' 펀딩(Funding)은 '자금 조달'이라는 의미로 직역하면 '여러 사람에게서 자금을 모은다.'는 뜻이에요.

크라우드 펀딩은 누구나 이용할 수 있어요. 전용 웹사이트에 아이디어를 등록만 하면 돼요. 영화 제작이든 소설 출판이든 무엇이든 상관없어요. 그 구상이나 아이디어를 본 누군가가 '이 영화 재밌어 보이는데 꼭 제작되면 좋겠어.'라든가 '소설가 지망생을 응원하고 싶어.'라는 마음을 먹게 되면 적은 금액이라도 출자하는 식으로 펀딩이 이루어져요. 많은 사람의 후원을 통해 목표한 자금에 도달하면 정식으로 내 꿈을 펼칠 기회를 얻게 되는 거예요. 또 후원한 사람도 투자 금액에 따라 미리 정해 둔 작은 보상을 받을 수 있어요. 예를 들어 영화 제작에 투자하면 엔딩 크레딧(영화가 끝난 뒤 자막으로 나오는 영화 제작과 관련된 상세 정보)에 이름을 올려 주는 경우를 들 수 있어요. 보상이 없는 기부형 크라우드 펀딩도 있어요. 재해 지역의 후원금이나 봉사 활동을 위한 기부금을 모으는 것이 기부형 크라우드 펀딩이에요.

이처럼 손쉽게 자금을 조달할 수 있고 사회에도 공헌하며 게다가 홍보 효과도 큰 크라우드 펀딩은 요즘 들어 개인만이 아니라 여러 기업이나 단체에서도 활용하고 있어요.

이런 이야기를 나누어 보아요

- 인터넷 발전이 크라우드 펀딩 같은 서비스를 만들었어.
- 자금을 손쉽게 모을 수 있다니, 꿈은 이루어진다!
- 돈이 쉽게 모이니까 문제도 있을 것 같아. 어떤 위험이 있을까?

캐시리스 결제

현금 없이도 살 수 있다!

'캐시리스 결제'라는 말을 들어보지 않았더라도 여러분은 이미 일상생활에서 경험한 적이 있을 거예요. 지폐나 동전 등의 현금을 사용하지 않고 값을 치르는 방법이 캐시리스 결제(현금을 사용하지 않는 결제)예요. 이해하기 쉬운 예를 들자면 신용 카드로 계산하거나, 교통 카드를 찍고 버스를 이용하거나, 세금이나 각종 보험료를 은행 계좌에서 자동 이체하는 것을 캐시리스 결제라고 해요.

캐시리스 결제 수단은 신용 카드, 직불 카드, 전자 화폐, 터치형 결제, QR 코드 결제와 같이 다양해요. 그렇지만 방식은 굉장히 단순해요. 캐시리스는 결제되는 시점에 따라 '선불', '즉시 결제', '후불' 세 종류로 나뉘어요. 선불이란 이른바 선불 충전 방식을 말해요. 교통 IC 카드(IC 칩을 표면에 부착해 기억 용량이 크고 안전성이 높은 전자식 카드)처럼 미리 금액을 충전하는 전자 화폐가 대표적이죠. 즉시 결제는 계산과 동시에 연결된 은행 계좌에서 비용이 나가는 것을 말해요. 후불은 신용 카드처럼 지정된 날짜에 청구된 금액을 결제하는 방법이에요.

종류도 지급 방법도 다양한 캐시리스 결제의 장점은 돈 관리가 쉽고 포인트 적립 등의 혜택을 받을 수 있다는 점이에요. 하지만 캐시리스 결제를 도입하지 않은 가게에서는 쓰지 못하기 때문에 그 부분은 단점으로 꼽을 수 있어. 앞으로 캐시리스 결제 이용자는 증가할 전망이어서 이용할 수 있는 가게도 늘어날 걸로 보여요.

이런 이야기를 나누어 보아요

- 캐시리스 결제의 장단점이 더 있을 것 같아.
- 소비자로서는 장점이 많아 보이는데….
- 소비자가 아닌 판매자에게는 어떤 장단점이 있을까?

핀테크

쉽고 빠른 금융 서비스

자산 관리를 둘러싼 환경은 IT(information technology: 정보의 생산과 응용, 관리에 관련한 모든 기술)가 발전하면서 크게 바뀌었어요. 예전에는 회사에서 월급을 현금으로 받았다고 해요. 매달 월급날에 현금이 든 봉투를 건네받은 거죠. 그 돈을 저축하려면 반드시 은행에 가야만 했어요. 돈이 얼마나 필요할지, 돈을 얼마나 썼는지는 가계부에 써야만 했고 남은 돈으로 주식 투자를 하는 것도 조금 수고스러운 일이었고요.

요즘은 IT 기술이 발전하면서 이러한 번거로움이 크게 줄어들었어요. 월급은 등록된 은행 계좌로 매달 입금되니 큰돈이 든 월급봉투를 들고 다닐 일도 없어요. 또 가계부도 스마트폰이나 컴퓨터 소프트웨어로 쉽게 관리할 수 있게 되었고요. 주식 투자도 스마트폰 앱을 통해 간편하게 이용할 수 있어요.

이러한 금융 서비스의 발전을 아울러 '**핀테크**'라고 불러요. '금융'을 뜻하는 '파이낸스(Finance)'와 '기술'을 뜻하는 '테크놀로지(Technology)'가 하나로 합쳐진 단어로 '금융의 기술 혁신'을 의미해요. 크라우드 펀딩, 캐시리스 결제, 다음에 설명할 가상 자산 등도 핀테크가 발전하면서 만들어진 거예요.

핀테크 분야에서 선두를 달리는 곳은 미국인데 앞으로 핀테크가 전 세계로 보급되리라 전망하고 있어요. 현재 핀테크를 시작하지 않은 기업도 그 시스템을 도입하기 위한 조율이 진행 중이에요. 이와 더불어 핀테크 관련 법을 정비해야 한다는 사회의 요구도 커지고 있어요.

이런 이야기를 나누어 보아요

- 월급날에 사람들이 돈 봉투를 들고 다녔다고?!
- 그 당시 생활이 어땠는지 할머니랑 할아버지께 여쭤봐야겠어.
- 소매치기 만날까 봐 조마조마했겠다.

가상 자산

전자 데이터로 존재하는 새로운 돈

여러분이 사용하는 돈은 어디에서 발행할까요? 정답은 각국의 중앙은행이에요. 중앙은행은 화폐를 찍어 낼 수 있는 은행을 말해요. 한국의 '원'은 한국은행, 일본의 '엔'은 일본은행, 미국의 '달러'는 연방준비은행이, 중국의 '위안'은 중국인민은행이 발행하고 있어요. 이렇게 각국의 중앙은행이 주체가 되어서 발행하는 통화를 '**법정 통화**(법률에 따라 강제적으로 유통 및 지급 능력이 부여된 화폐)'라고 불러요.

한편 중앙은행 같은 발행 기관을 가지지 않는 통화(유통 수단이나 지불 수단으로서 기능하는 화폐)도 존재해요. 이러한 통화를 '**가상 자산**'이라고 불러요. 가상 자산의 특징은 법정 통화인 지폐나 동전처럼 실체가 존재하지 않는다는 점이에요. 실물이 없다니 이상하게 들릴지도 모르지만, 요컨대 만 원짜리 지폐나 백 원짜리 동전처럼 손으로 만질 수 있는 것이 아니라 네트워크상에 암호화된 전자 데이터로서 존재하는 거예요. 전자 화폐와 비슷해 보이지만, 전자 화폐는 '엔'이나 '달러' 등의 법정 통화가 기준이며 미리 맡긴 법정 통화로 결산해요. 그렇지만 가상 자산은 법정 통화에 영향을 받지 않고 나라의 정책이나 세계정세의 영향을 받는 일도 적어요. 자유로운 통화로서 새롭게 개발된 화폐인 거죠.

보이지도 않고 만질 수도 없는 데이터라고 하니 어딘가 불안하게 느낄지도 모르겠지만, 가상 자산 거래소(사용자들이 가상 자산을 직접 사고팔 수 있는 거래소)나 '전자 지갑'인 월렛(Wallet) 같은 애플리케이션에서 확인할 수 있고, 달러나 엔 등의 법정 통화와 교환도 할 수 있어요. 가게마다 다르지만 쇼핑할 때도 물론 쓸 수 있어요. 종류가 1,500개 이상이나 되는 가상 자산이 앞으로 어떻게 발전할지 관심이 쏠리고 있어요.

아니까 뉴스 보고 대화까지 된다! 초등학생을 위한 시사용어

이런 이야기를 나누어 보아요

'블록체인'이라는 거래 데이터를 임의로 조작하지 못하도록 막는 기술이 가상 자산을 지켜준대.

실물이 없으니까 데이터 조작이 일어나면 큰일이겠는 걸. 이것 말고도 불안한 점이 있을 것 같아.

ID나 패스워드 관리가 중요하겠어. 또… 뭐가 있을까?

TPP

11개국이 참여한 경제 협정

TPP(Trans-Pacific Partnership agreement)'는 태평양을 둘러싼 나라들이 맺은 무역에 관련된 자유 무역 협정이에요. 한국말로는 **'환태평양 경제동반자 협정'**이라고 해요. TPP에 가입된 나라 사이에서는 공업 제품이나 농산물 등의 관세를 없애거나 내릴 수 있어서 무역이 활발해져요. 무역뿐만이 아니라 TPP에서는 회원국 간의 투자, 지적 재산, 노동 문제나 환경 문제 등에 대해서도 규칙을 정해 두었어요. 단순한 무역 협정이 아니라 TPP 경제에 관련된 종합적인 협정으로 자유로운 대규모 경제권을 구축했다고 볼 수 있어요.

TPP는 원래 싱가포르, 브루나이, 뉴질랜드, 칠레 4개국 체제로 시작했어요. 이후 호주, 캐나다, 일본, 말레이시아, 멕시코, 페루, 미국,

베트남 8개국이 교섭에 참여하였고 2016년 2월에는 12개국이 TPP 협정에 서명했어요. 나중에 미국이 탈퇴하면서 11개 회원국이 된 TPP는 'CPTPP(포괄적·점진적 환태평양 경제동반자 협정)'로 명칭을 변경했어요.

TPP 협정은 2018년 12월 30일 발효되며 수입품 가격의 인하와 수출품에 대한 국제 경쟁력 강화 등의 이점을 살려 경제 활성화에 기여하고 있어요. 이 점에 주목한 영국, 중국, 대만, 에콰도르 등 주요 국가들이 줄지어 가입을 신청했어요. 한편 우리나라도 CPTPP 가입을 신청하기로 공식적으로 결정했어요. 앞으로 가맹국은 더 늘어날 것으로 보여요.

아니까 뉴스 보고 대화까지 된다! 초등학생을 위한 시사용어

이런 이야기를 나누어 보아요

우리나라에서 CPTPP 가입에 반대하는 사람도 많대.

CPTPP에 가입하면 곤란해지는 사람이 있다는 거네. 어떤 사람들일까?

관세가 없어지면 수입품이 싸지니까 좋은 일 아닌가?

다이내믹 프라이싱

상품과 서비스 가격의 탄력적인 변화!

 여러분은 상품이나 서비스의 가격이 어떻게 정해지는지 알고 있나요? 가격은 '수요'와 '공급'에 따라 결정되는 것이 기본이에요. 수요란 그 상품을 갖고 싶어 하는 사람의 수, 공급은 그 상품의 재고를 말해요. 그 상품을 사려는 사람이 많으면(=수요가 높다) 가격은 올라가요. 반대로 상품을 사려는 사람이 적고 재고량이 많으면 가격이 내려가는 원리예요. 상품이나 서비스를 제공하는 쪽에서 가격을 정하는 일은 매우 어려워요. 너무 싸게 팔면 이익이 줄고 너무 비싸게 팔면 재고가 남으니까요.
 최근 들어 최고의 타이밍에 최적의 가격을 제공하는 '다이내믹 프라이싱(dynamic pricing: 가변적 가격 정책)' 방식이 주목받고 있어요. 다이내

믹 프라이싱은 이미 예전부터 우리 주변에 있었어요. 예를 들어 비행기나 호텔은 여름휴가나 연말연시와 같은 성수기에는 이용 요금이 비싸지고 이용객이 적은 평일에는 요금이 낮게 책정되어 저렴하게 이용할 수 있어요. 이처럼 이용 빈도나 공실 상황에 따라 적정 가격으로 변동하는 것이 다이내믹 프라이싱이에요.

하필 왜 지금 관심이 쏠리고 있을까요? AI나 빅데이터와 같은 새로운 기술을 이용해 다양한 업계와 업종에 도입되었기 때문이죠. 예를 들어 편의점 제품, 축구 경기 관람권, 놀이공원 입장권 등 다이내믹 프라이싱을 통해 판매자와 소비자에게 최적의 가격이 제공되는 사례가 늘었어요.

이런 이야기를 나누어 보아요

가격 변동이 수시로 일어나는 게 다이내믹 프라이싱의 문제점이기도 하구나.

사야지 생각한 다음 날 가격이 오르면 너무 아쉬워.

재난 상태라든가 정말로 필요할 때 가격이 오르면 어쩌지?

사회 용어 약칭 퀴즈

※정답은 155페이지에 있어요.

3장에서 설명한 용어에 대한 퀴즈입니다.
약칭에 대해서 답해 주세요.

Q1 : 나라의 경제 규모를 나타내는 하나의 지표로 국내에서 벌어들인 총액을 알파벳 세 글자로 무엇이라 하나요?

Q2 : 세계적인 영향력을 가진 미국에 거점을 둔 네 기업을 일컬어 무엇이라 부를까요?

Q3 : 세계적인 영향력을 가진 미국에 거점을 둔 네 기업을 일컬어 무엇이라 부를까요?

제4장

과학에 관한 키워드

사물이나 현상을 해명하는 것이 과학이에요. 과학이 발전하며 인류는 진보를 거듭했죠. 현재의 과학에 대해서 말한다는 건 미래의 세계를 상상하는 일이기도 해요.

백신

감염병을 예방하는 면역 시스템

2019년 12월 중국 우한에서 발생한 '신종 코로나바이러스 감염증'은 순식간에 전 세계로 퍼져 나갔어요. 이처럼 전염력이 강한 병에 대응하기 위해 '백신' 접종이 시작되었지요. 백신은 감염병을 예방하기 위한 의약품으로 주사를 사용해 약액을 몸속에 주입해요.

우리 몸은 스스로 보호하는 방어 체계를 갖추고 있어서 세균이나 바이러스 같은 외부 적이 침입하면 싸워서 이겨내려고 해요. 이것을 '자연 면역 시스템'이라고 불러요. 그리고 한번 이겨낸 적은 면역 시스템에 저장되어서 다음에 비슷한 적이 들어오더라도 공격을 담당하는 '항체(세균이나 바이러스 등에 감염됐을 때 이에 대항하는 물질)'가 곧장 출동해 재빨리 해치워 버려요. 즉 두 번째에는 감염병에 걸리기 어려울뿐더러 걸린다 해도 증상이 가벼워요. 이것을 바로 '면역이 생겼다'라고 말해요.

백신은 이러한 면역 시스템의 원리를 이용하고 있어요. 백신의 종류에는 병원성(병이 생길 수 있는 원인이 되는 성질)이 약한 살아있는 병원균(병의 원인이 되는 균)을 쓰는 '생백신', 죽여서 힘이 없는 병원체(병의 원인이 되는 세균, 바이러스, 기생충 등의 미생물)를 이용한 '불활화 백신', 병원체에서 독성을 제거해 쓰는 '톡소이드', 병원체를 만드는 설계도를 넣는 'mRNA 백신' 등이 있어요. 신종 코로나바이러스 백신에는 mRNA 백신이 많다고 해요.

어떤 백신이든 주사를 놓아 몸에 면역이 생기도록 만들어 줘요. 여러분은 학교에서 운동회나 졸업식을 앞두고 예행연습을 할 거예요. 예방 접종도 이와 비슷하게 자연적으로 감염되기 전에 해보는 리허설 같은 거라 할 수 있어요.

이런 이야기를 나누어 보아요

- 백신을 맞고 나서 때때로 몸에 어떤 변화가 생기는 '부작용'이 발생하기도 해.
- 사람마다 건강 상태나 체질이 다르니 접종할 백신의 정확한 정보를 확인해 둘 필요가 있어.
- 백신 접종 전과 접종 후의 주의 사항을 한 번 더 확인해 보자.

iPS 세포

건강한 세포를 이식해서 상처와 병을 치료!

　인간의 몸은 수많은 세포로 이루어져 있어요. 세포라는 이름의 작은 블록이 몇 개나 모여서 만들어진 것이 인간의 몸이라고 생각하면 이해하기 쉬울 거예요. 피부도 심장 등의 장기도 혈액도 모두 세포로 만들어졌어요. 인간의 몸은 약 60조 개의 세포로 구성되어 있다고 해요. 이렇게 인간의 몸은 세포로 이루어져 있어서 사고나 질병으로 세포가 상처 입거나 손상되면 몸도 제 기능을 회복하기 어려울 때가 있어요. 가령 눈을 다쳐서 시력을 잃는 경우이죠.

　그런데 손상된 세포를 새로운 세포로 대체할 수 있다면 어떨까요? 상처나 병이 말끔히 나을지도 몰라요. 이런 꿈 같은 기술이 실현되려고 해요. 바로 교토대학교의 야마나카 신야 교수님이 'iPS 세포'를 인공적으로 만드는 방법을 발견했기 때문이에요.

 iPS 세포는 '유도 만능 줄기세포'나 '인공 다능성 줄기세포'라고 불리며 몸의 다양한 조직과 장기에서 성장할 수 있어요. 즉 사고나 질병으로 잃거나 손상된 조직의 세포를 iPS 세포로 만들어서 치료하는 '재생 의료'가 가능해지는 거죠. 실제로 iPS 세포로 만든 망막 세포(눈 세포) 시트(세포 덩어리)를 환자에게 이식하거나, 무릎의 연골 세포를 이식하거나, 심장병 환자에게 심장 근육 세포 시트를 이식하는 치료가 이루어지고 있어요. 야마나카 교수 연구팀이 이루어낸 성과는 전 세계의 주목을 받으며 야마나카 교수님은 2012년 노벨 생리 의학상을 받았어요.

이런 이야기를 나누어 보아요

- 야마나카 교수님은 은사님께 '연구자의 성공 비결은 비전과 끊임없는 연구'라고 배웠다고 해.
- 비전은 목적이고, 끊임없는 연구라는 건 최선을 다하라는 거네.
- 우리도 미래의 비전을 세워 두면 좋겠다. 어떤 비전을 세우고 싶어?

VR

가상 현실이 내 눈앞에!

진짜 현실은 아니지만, 현실인 것처럼 체험하게 하는 기술을 'VR'이라고 해요. 'Virtual=가상'과 'Reality=현실'을 합성한 용어로 **'가상 현실'**이나 **'인공 현실감'**이라고 말하기도 해요.

여러분은 고글처럼 생긴 장치를 쓰고 VR 세계를 체험해본 적이 있을 거예요. 그 장치를 쓰고 놀이동산에 있는 롤러코스터에 탑승하고 있는 영상을 보면 생생한 긴장감을 그 자리에서 맛볼 수 있어요. 공룡이 사는 세계로 뛰어들거나 자유자재로 하늘을 날아가는 등 현실에서 일어날 수 없는 일을 실감 나게 체험할 수 있어요.

VR이 만든 세계는 왜 진짜처럼 느껴질까요? 바로 인간의 오감을 능숙하게 자극하기 때문이죠. 특히 시각을 조종하는 장치는 획기적이에요. 인간은 왼쪽 눈과 오른쪽 눈의 거리 차이로 인해서 하나의 사물을 볼 때 각각 조금씩 다르게 보이는 '양안 시차'가 있어요. VR에서는 왼쪽 눈 영상과 오른쪽 눈 영상을 따로 준비해 좌우의 눈에 다른 영상을 비추어요. 이로 인해 VR 영상이 입체적으로 보이는 거죠. 게다가 머리를 움직이면 사람의 시선을 따라 화면도 움직여서 마치 그 장소에 진짜로 있는 것처럼 느낄 수 있어요.

VR은 게임이나 엔터테인먼트 분야 이외에도 폭넓게 이용되고 있어요. 의료 현장에서는 다른 의사들에게 수술 현장을 VR로 견학시켜 의료 기술 향상에 도움을 주지요. 재해 현장을 재현해 방재 훈련을 할 수도 있고, 기술자가 떨어진 장소에서 공장이나 시설을 견학할 수도 있어요. VR은 앞으로도 다양한 분야에서 발전할 전망이에요.

이런 이야기를 나누어 보아요

- VR의 활용법은 아이디어에 따라 무궁무진하다고 해.
- VR을 이용한 학교 수업이 생길 수도 있겠어.
- 또 어떤 활용법이 있을까?

AI

끊임없이 발전하는 인공 지능

'AI'는 'Artificial=인공', 'Intelligence=지능'을 합성한 단어로 '**인공 지능**'이라고 불러요. AI로 인해 이제껏 인간밖에 할 수 없었던 대화나 사고가 기계에서도 가능하지 않을까 기대하게 되었죠. SF 영화에 나오는 인간처럼 대화를 나누고 스스로 생각하는 로봇이 우리 현실에 등장할지도… 모른다는 거예요. 아직 AI가 인간과 동등한 수준의 지능은 갖추지 못했지만, 이미 여러분은 iPhone의 'siri'에게 질문을 하거나 '가르쳐줘 Google…'이라고 스마트폰에 말을 걸고는 하죠. 이러한 서비스도 AI의 기술로 가능해진 거예요.

그렇다면 AI 기술은 어떻게 탄생하고 발전했을까요? AI 연구는 1950년대 본격적으로 컴퓨터가 개발되면서 시작되었어요. 1980년대에 들어서며 '기계 학습'이라는 방법이 발명되었고요. 기계 학습이란 인간에 빗대어 말하면 많은 경험을 통해서 배우고 성장하는 것을 가리켜요. AI에는 경험 대신에 많은 데이터를 읽어 들이게 해요. 더구나 인간의 뇌 구조를 응용한 '딥러닝'이라는 방법이 등장하면서 AI는 한층 더 발전했어요. 인간의 힘을 빌리지 않고 훨씬 복잡한 처리를 컴퓨터가 스스로 생각해서 처리하는 것이 딥러닝이에요. 딥러닝이 등장하면서 AI는 체스나 장기 대결에서 인간을 이기기도 했어요.

오늘날 일기 예보, 자동 번역, 병리 진단(엑스레이나 CT 영상으로 병을 진단), 자율 주행 자동차 등 다양한 분야에서 AI가 활용되고 있어요.

아직 인간의 지능에는 못 미치지만, 우리 주변에서 AI가 활용되는 사례는 엄청 많아.

AI가 탑재된 청소 로봇이 있다고 들었어. 또 냉장고에도 AI가 탑재되어 있대. 그리고 또….

그럼 거나 많아? 다른 건 또 뭐가 있을까.

IoT

모든 사물이 연결된 세계

'IoT(아이오티)'란 'Internet of Things'의 앞 글자를 딴 용어로 '**사물 인터넷**'이라는 의미예요. 여러분은 컴퓨터나 태블릿, 스마트폰으로 웹사이트를 보거나 동영상을 시청할 수 있어요. 이는 바로 단말기가 인터넷에 연결되어 있기 때문이에요.

컴퓨터나 태블릿 등의 기기 이외에도 다양한 '사물'을 인터넷에 연결함으로써 우리 생활을 편리하게 만드는 것이 IoT예요.

'사물을 인터넷에 연결해서 뭘 할 수 있지?'라는 의문이 들 수도 있어요. 예를 들어 텔레비전 방송 녹화 기능이 있는 스마트 TV는 집 밖에서도 보고 싶은 방송을 녹화할 수 있는데, IoT 기술로 연결되어 있어서 가능한 일이에요. 또 IoT 기술이 적용된 에어컨은 집 밖에서도 켤 수 있어서 방 온도를 미리 쾌적하게 맞춰 둘 수 있어요. 목욕탕 물을 데워 두는 것도 가능해요. 외출했을 때, 집에 있는 반려동물의 모습이 궁금한 사람은 IoT를 탑재한 감시 카메라를 집 안에 설치하면 스마트폰으로 언제든지 반려동물의 모습을 확인할 수 있어요. 식단을 제안해 주는 냉장고나 적합한 세탁 기능을 선택하는 세탁기 등 모든 사물이 인터넷에 연결됨으로써 편리한 생활이 실현되는 거예요.

그렇지만 IoT에는 문제점도 있어요. 안전성의 문제이죠. 모든 사물이 네트워크에 연결된 탓에 **'해킹'**(부정 액세스) 등의 피해를 볼 수 있으니 주의해야 해요.

IoT에 관심이 쏠리는 건 저출산 고령화 문제와도 관련이 있어. 왜 그런 건지 생각해 보자.

왜 그런 걸까? 저출산 고령화는… 노동 인구 감소가 특징인데…

IoT는 일상생활뿐만이 아니라 회사나 공장에서도 쓰인다는 얘기인가?

차세대 자동차

CO_2를 줄이기 위한 신기술

오늘날 자동차 대부분은 석유를 정제한 휘발유나 경유를 연료로 사용해요. 휘발유는 지구 온난화의 원인인 CO_2(이산화탄소) 등의 '**온실가스**'를 배출하죠. 그래서 환경을 고려한 새로운 연료로 달리는 '차세대 자동차' 개발이 추진되고 있어요. 차세대 자동차에는 '**하이브리드 자동차**', '**전기 자동차**', '**연료전지 자동차**', '**천연가스 자동차**' 등이 있어요.

하이브리드차는 두 가지 이상의 동력원을 구비하고 있는 자동차로 대부분 휘발유와 모터를 조합해서 달려요. 휘발유 차보다 CO_2 배출이 훨씬 적지요.

전기차는 전기를 이용해서 모터를 구동하는 방식으로 달리는 차예요. 휘발유를 쓰지 않기 때문에 엔진은 필요 없어요. CO_2나 질소 산화물의 배출도 없어서 '제로 이미션 자동차(배출되는 가스가 전혀 없는 자동차)'라고도 불러요.

연료전지차는 수소나 메탄올을 이용해 얻은 전기로 모터를 구동해서 달리는 차예요. CO_2 배출이 없고 주행 거리도 길어서 기대를 모으고 있어요.

천연가스 자동차는 휘발유 대신에 천연가스를 연료로 써요. CO_2 배출이 적고 달릴 때 소음이 작은 대신 휘발유 차보다 주행 거리가 꽤 짧아요.

세계의 자동차 기업들은 차세대 자동차 개발에 힘을 쏟고 있어요. 이러한 차세대 자동차에는 AI 기술을 활용한 '자율 주행' 기능도 탑재될 예정이라고 해요. 여러분이 운전할 때는 과연 어떤 차가 달리고 있을까요?

아니까 뉴스 보고 대화까지 된다! 초등학생을 위한 시사용어

이런 이야기를 나누어 보아요

앞으로 보급될 차세대 자동차는 어떤 기술을 적용한 차가 널리 이용될까?

어떤 차가 나올지 짐작해 볼까? 난 하늘을 나는 자동차가 좋은데.

지구 온난화를 막으려면 어떤 차세대 자동차가 좋을까?

4차 산업혁명

기계가 인간을 넘어설 날이 온다고?!

　인류의 역사는 과학 기술의 진보로 이루어진 역사라고도 말할 수 있어요. 지금까지 인류는 네 차례나 시대에 획을 긋는 과학 기술 발전을 경험했는데, 이것을 '산업 혁명'이라고 불러요.
　1차 산업 혁명은 18세기 중반부터 19세기에 걸쳐 영국에서 일어났어요. 증기 기관이 발명되면서 공장에 노동자를 모아 기계로 제품을 생산하는 '공장제 기계 공업'이 시작되었고, 철도와 증기선으로 인해 교통망이 발달했어요. 2차 산업혁명은 19세기 후반부터 제1차 세계대전까지로 석유와 전기가 이용되면서 철강업이 발달했어요. 공장에서는 다양한 제품을 대량 생산할 수 있게 되었고요. 3차 산업 혁명은 1980년대에 본격화된 컴퓨터와 디지털 기술의 보급을 가리켜요. 인터넷과 스마트폰으로 인해 우리 생활은 크게 바뀌었죠.

그리고 요즘 주목을 받는 것이 '4차 산업혁명'이라고 불리는 기술 혁신이에요. 4차 산업혁명의 중심에는 'AI'와 'IoT'가 있어요. AI를 활용함으로써 공장은 자동화된 제품 제조 시스템을 구축해요. IoT는 모든 사물을 인터넷에 연결해 데이터화된 정보로 우리 생활을 편리하게 만들어요.

4차 산업혁명에서는 그 밖에도 '나노기술(10억분의 1을 뜻하는 나노 단위에서 물질을 제어하거나 변화시킬 수 있는 기술)', '블록체인', '양자 컴퓨터', 'VR' 등의 새로운 기술이 이용될 것으로 보이는데, '기계와 인간의 관계가 지금과는 다를 것'이라고 경고하는 전문가도 있어요. AI가 인간의 능력을 넘어서는 기점을 '기술적 특이점(싱귤래리티)'이라고 불러요. 그 기점이 2045년 무렵이 되지 않을까 하는 예상도 있어요.

아니까 뉴스 보고 대화까지 된다! 초등학생을 위한 시사용어

이런 이야기를 나누어 보아요

기술적 특이점을 넘어선 세계에서는 어떤 일이 벌어질까? 같이 상상해 볼까?

SF 영화 같은 일이 일어나려나?

그럼 인간과 기계가 역전된 세계를 그린 영화를 찾아볼래. 참고가 될지도 모르잖아!

사이버 공격

인터넷을 이용한 범죄

 인터넷이 보급되면서 우리 생활은 정말 편리해졌어요. 궁금증이 생기면 바로 인터넷에서 검색할 수 있고 여행 예약이나 쇼핑도 인터넷을 이용해 끝낼 수 있어요. 분명 IoT가 보급되면 더 편리하고 살기 좋은 세계가 펼쳐질 거예요.

 하지만 모든 사물 및 서비스가 인터넷으로 연결된 세계에는 커다란 위험이 숨어 있어요. 바로 '사이버 공격'이에요. 사이버 공격이란 네트워크에 침입해서 데이터를 훔치거나 파괴하는 범죄예요.

 은행을 예로 들어 생각해 볼게요. 인터넷이 없었던 시절에는 은행을 이용하는 고객의 정보나 현금을 훔치기 위해서는 은행에 침입해서 고객 정보가 쓰인 서류와 지폐 다발을 훔쳐야만 했어요. 그런데 고객 정보가 데이터의 형태로 컴퓨터에 보관되는 요즘은 은행의 네트워크에 침입만 하면 정보를 훔칠 수가 있어요. 실제로 2018년에 파키스탄 은행들이 사이버 공격을 받아 대량의 고객 데이터를 도둑맞은 사건이 있었어요. 또 같은 해에는 멕시코 중앙은행과 거래하던 은행에서 약 210억 원이 인출되는 사건이 벌어지기도 했어요.

훔치기만 하는 게 아니에요. IoT로 사이버 공격을 하면, 기계를 오작동시켜서 화재를 일으킬 수도 있고 교통 신호기를 조작해서 거리를 혼란스럽게 만들 수도 있어요. 사이버 공격을 벌이는 사람을 '해커'라고 부르는데 전 세계에서 활동하고 있다고 해요. 국가나 기업은 물론 개인도 사이버 공격을 당하지 않도록 항상 조심해야 해요.

이런 이야기를 나누어 보아요

- 인터넷 없이는 살 수 없는 시대이니 사이버 공격에 대비해야겠어.
- 나라는 법을 정비하고 기업은 보안을 정비하잖아. 개인이 할 수 있는 일도 있을 거야.
- 해커로부터 우리를 지킬 대책에는 뭐가 있을까?

NASA

인류의 우주 개발을 주도하는 거대 기관

인류의 우주 개발을 주도해 온 것은 'NASA(미국 항공우주국)'예요. 미국의 국가 기관으로 1958년에 설립되었지요. 본부는 미국의 수도인 워싱턴에 있고 케네디 우주 센터(플로리다), 존슨 우주 센터(텍사스) 등 아홉 개의 센터를 운용하고 있어요. 직원 수는 약 2만 명, 외부 직원도 약 15만 명에 이르는 거대 조직이에요.

NASA는 1961년부터 시작된 아폴로 계획으로 인류 최초로 달 착륙에 성공해 전 세계의 주목을 받았어요. 화성 탐사에서도 세계를 선도하며 화성 탐사선이나 화성에 착륙해 직접 조사를 수행하는 탐사차를 운용하고 있어요.

"우리가 사는 이 행성을 이해하고 보호하는 일. 우주를 탐사하고 생명의 기원을 찾는 일, 다음 세대의 탐구심을 북돋우는 일 ─ 이런 일이 가능한 것은 NASA뿐이다."

2002년에 공표한 이러한 발언만 보아도 '우주 개발 리더'로서 NASA의 자신감을 엿볼 수 있어요.

한편 22개국이 참가한 'ESA(유럽 우주기구)'나 러시아의 국가 기관인 '로스코스모스', 중국의 '국가항천국', 일본의 'JAXA(우주항공연구개발기구)' 등 미국 이외의 나라와 지역에도 우주 개발을 담당하는 기관이 있어요. 또 최근에는 민간 기업도 우주 개발에 참여하기 시작했어요.

우주 개발에는 막대한 예산과 고도의 기술력이 필요하므로, 최근 들어 각 기관이 협력해 하나의 프로젝트로 추진하자는 이야기도 나오고 있어요.

이런 이야기를 나누어 보아요

각국의 기관이 협력해서 우주를 개발하면 어떤 장점이 있을까?

음, 자금이나 인력 문제가 해결될 것 같아.

우주 개발의 목적도 공유할 수 있지 않을까?

ISS

지상 400km를 떠다니는 '우주 실험장'

지상에서 약 400km 상공의 궤도를 90분에 한 번씩, 지구 한 바퀴를 도는 속도로 비행하면서 우주에 관련된 다양한 연구와 실험을 수행하는 거대한 유인 시설이 'ISS(국제 우주정거장)'예요.

ISS는 2011년 7월에 완성되었어요. 필요한 부품을 조금씩 로켓으로 쏘아 올려 1998년부터 우주에서 조립을 시작해 완성하는 데 10년 이상이 걸렸죠.

ISS는 미국, 러시아, 일본, 캐나다와 유럽 나라들이 참가하는 ESA(유럽 우주기구)가 사용하고 있어요. '기보(일본어로 '희망'을 뜻함)'라고 이름 붙인 일본 실험동도 있는데 우주 공간에서 인간 대신 작업을 수행하는 로봇 팔도 달려 있다고 해요. 많은 예산과 노력이 필요한 ISS의 운영은 한 국가만으로는 버거워서 국제적인 협력이 필요해요. 다만, 중국은 '톈궁(중국어로 '하늘의 궁전'이라는 뜻)'이라는 독자적인 우주 정거장 건설을 추진하고 있어요.

ISS에는 늘 6명 정도의 우주 비행사가 머물면서 ISS 안에서 '식물은 우주에서 어떻게 자랄까?', '우주에서 건강한 생활이란?'…… 등등, 우주 개발을 추진하는 데 중요한 일을 연구하고 있어요. 앞으로 우주 비행사만이 아니라 민간인이 ISS에 체류할 예정이라고 하니 ISS로 떠나는 우주여행도 멀지 않아 보여요. ISS 덕분에 우주가 훨씬 가까워진 거죠.

이러한 ISS도 가동을 시작한 지 10년이 넘어서니 노후화되고 있다고 해요. 원래는 2016년까지만 쓰려고 했지만, 앞으로도 수리해서 계속 사용할 예정인 모양이에요.

우주 비행사가 되는 조건은 나라마다 다르지만, 힘든 훈련과 시험이 필요하다는 점은 똑같대.

우리나라는 우주 비행사가 되려면 어떤 절차를 거치는지 조사해 봐야겠어.

우주 비행사가 되기는 힘들 것 같으니 민간 기업이 추진하는 우주여행에 대해 알아볼래.

아르테미스 계획

인류는 다시 달을 향해!

　NASA(미국 항공우주국)가 주도한 **아폴로 계획**으로 인류가 달 표면에 최초로 착륙한 것은 1969년 7월 20일에 벌어진 일이에요. 그 뒤로 반세기 이상이 지난 지금 NASA는 다시 달로 인류를 보내려고 해요. 이것이 바로 '**아르테미스 계획**'이에요.

　달 표면 탐사는 1972년 아폴로 17호를 마지막으로 중단되었어요. 비용 문제와 정치적인 문제가 이유였죠. 아르테미스 계획은 달 탐사가 목적인데 인류를 다시 달로 보내 2028년부터 달 기지 건설을 시작할 거라고 해요. 이번에는 여성 우주 비행사도 달에 갈 예정이에요.

　계획의 중심에는 NASA가 있지만, ESA(유럽 우주기구), 일본의 JAXA(우주항공연구개발기구), CSA(캐나다 우주청), ASA(오스트리아 우주청) 등도 계획에 참여하고 있어요. 또 민간 기업도 참여해요. 예를 들면 달 착륙선 개발과 운용은 미국 민간 우주 기업인 '스페이스 X(Space Exploration Technologies)'라는 회사가 맡기로 했어요.

아르테미스 계획에서는 'SLS 로켓'이라는 신형 로켓을 쓸 예정이고 이 로켓은 미래의 화성 유인 탐사에도 사용할 예정이에요. 탑승원이나 물자를 옮기는 것은 '오리온 우주선'으로 4명의 우주 비행사가 탑승한다고 해요.

달 주변을 공전하게 될 소형 우주정거장 '게이트웨이'를 건설할 계획도 있어요. 달 기지가 완성되면 우주 비행사가 달에 체류하면서 달의 자원을 이용해 연료, 물, 산소를 만들어 낼 계획도 세웠다고 해요.

아니까 뉴스 보고 대화까지 된다! 초등학생을 위한 시사용어

이런 이야기를 나누어 보아요

어째서 40년 만에 달 탐사 계획이 다시 시작되었을까? 어떤 이유에서인지 이야기 나눠 볼까.

막대한 돈을 들여서 계획했다는 건 특별한 목적이 있어서 그런 거 아닐까?

달에서 귀중한 자원이라도 발견된 건가?

유인 화성 비행

다른 행성에 인류가 내려설 날

　아르테미스 계획 다음에는 무엇이 있을까요? 정답은 '**유인 화성 탐사**'예요. 지구에서 가장 가까운 행성인 화성은 NASA(미국 항공우주국) 등이 탐사차를 보내 이미 조사를 진행 중이지만, 아직 인간이 화성에 발을 내디딘 적은 없어요.

　화성은 지구와 비슷한 행성으로 알려져 있어요. 그런데 화성의 지름은 지구의 절반가량이고 중량은 10분의 1 정도에 불과해요. 또 대기 성분은 거의 이산화탄소로 이루어져 있고 평균 기온은 마이너스 43도여서 그대로는 인간이 살 수 없어요. 하지만 물이 존재한다는 점에서 인류가 이주해도 된다고 생각하는 전문가도 적지 않아요. 2021년 4월 NASA의 탐사차는 탑재된 장치를 이용해 화성에서 산소를 만드는 일에 성공했어요.

　인류에게 수많은 가능성을 보여주는 화성. 달을 개발하는 아르테미스 계획에는 '유인 화성 탐사의 예행연습'이라는 의미도 있어요. 유인 화성 탐사 계획을 밝힌 곳은 NASA, ESA(유럽 우주기구), 러시아예요. 2021년 5월 화성에 탐사선을 착륙시킨 중국도 유인 탐사를 계획하고 있어요. 이 밖에도 미국의 민간 우주 기업인 스페이스 X나 네덜란드 민간 비영리 단체 등도 유인 화성 탐사 계획을 추진하고 있어요.

　화성까지의 거리는 약 5만 5,000㎞예요. 달까지 가는 거리의 100배 이상이기 때문에 지구와 화성을 왕복하기만 해도 3년이나 걸리죠. 화성이 '제2의 지구'가 될 날이 과연 올까요.

이런 이야기를 나누어 보아요

- 인류가 화성에서 살게 될 날이 정말 올까? 그때 지구는 어떤 모습일까?
- 인류가 화성으로 이주하려면 극복해야 할 문제가 엄청 많을 것 같아.
- 차라리 계속 지구에서 살려고 노력하는 편이 낫지 않을까.

재생 가능 에너지

계속 쓸 수 있는 친환경 에너지

석탄이나 석유를 사용하는 화력 발전은 지구 온난화의 원인인 CO_2(이산화탄소)를 발생시켜요. 그래서 대두된 것이 CO_2를 배출하지 않으면서 고갈되지 않는 자연 에너지인 '**재생 가능 에너지**'예요. 재생 가능 에너지에는 '**수력**', '**풍력**', '**태양 에너지**', '**파도 에너지**', '**지열**', 식물이나 동물의 배설물을 이용한 '**바이오매스**'와 같은 것이 있어요.

앞으로 재생 가능 에너지의 이용이 늘 거라 예상하지만, 여전히 석탄이나 석유를 연료로 사용하는 발전의 비율이 전 세계에서 절반 이상을 차지해요. 재생 가능 에너지를 보급하려면 '안정적인 전력 공급', '비싼 가격' 등의 문제를 먼저 해결해야만 해요.

이런 이야기를 나누어 보아요

재생 가능 에너지를 도입하려고 많은 나라가 노력하고 있지만, 여러 가지 과제가 있다나 봐.

우리나라에는 어떤 과제가 있을까?

나라마다 자연환경이 다르니까 해결해야 할 과제도 다 다르겠어.

CERN

우주 탄생의 비밀이 풀릴 것인가!

우주 개발을 주도하는 곳이 NASA(미국 항공우주국)라면, '우주는 어떻게 탄생했는가?'와 같은 수수께끼에 도전하는 곳이 'CERN'(유럽 입자물리연구소)이에요. CERN은 스위스 제네바와 프랑스 사이의 국경에 있는 세계 최대의 '입자물리학' 연구소랍니다.

2012년 CERN은 역사적인 발견을 발표해 세계를 놀라게 했어요. 오랜 시간 이론으로만 존재하던 '힉스 입자'를 실험으로 확인한 거예요. 힉스 입자는 만물에 질량을 부여하는 소립자(물질을 이루는 가장 작은 단위의 물질)라고 해요. 이 발견으로 우주 탄생의 비밀에 한 걸음 다가가게 되었어요.

CERN은 지금의 인터넷 발전과도 밀접한 관계가 있다나 봐. 관심이 있으면 한번 조사해 봐.

HTML을 고안한 사람이 CERN에 있다고 들었는데, 또 다른 게 있어?

엄청난 연구소네. 우주 탄생의 비밀을 풀어낼지도 모르겠는걸.

사회 용어 약칭 퀴즈

※정답은 155페이지에 있어요.

4장에서 설명한 용어에 대한 퀴즈입니다.
약칭에 대해서 답해 주세요.

Q1 : 'iPS 세포'를 인공적으로 만드는 방법을 발견한 야마나카 교수님은 어느 대학교의 교수님일까요?

Q2 : 세계의 우주 개발을 앞장서서 주도하는 NASA의 본부는 어디에 있나요?

Q3 : 힉스 입자의 존재를 확인한 연구소 'CERN'은 어느 나라들 사이의 국경 부근에 있을까요?

제5장

문화·스포츠에 관한 키워드

사람들의 다양한 생활 양식이 문화예요. 몸을 움직여서 즐거움을 추구하는 것은 스포츠이고요. 모두 인간밖에 할 수 없는 인간 본연의 활동으로 이런 이야기도 오직 인간만이 나눌 수 있어요.

올림픽

세계 최대의 스포츠 이벤트

'고대 올림픽'은 기원전 8세기 신에게 바치는 제전 경기로서 고대 그리스 올림피아에서 시작되어, 기원후 4세기까지 4년마다 개최되었다고 해요.

이후 19세기 말, 프랑스의 교육자 피에르 쿠베르탱 남작이 고대 올림픽에서 영감을 얻어 구상한 것이 지금의 '근대 올림픽'이에요. 제1회 대회는 1896년 그리스 아테네에서 열렸어요. 전쟁 등의 이유로 몇 번 중단된 적도 있지만, '스포츠를 통해 평화로운 세계를 실현한다.'라는 이념을 내걸고 지금은 국제올림픽위원회(IOC)의 주최로 4년에 한 번 열리는 세계적인 대회랍니다. 1994년부터 여름 올림픽과 겨울 올림픽이 2년마다 번갈아 열리고 있어요.

그런데 올림픽이 세계적인 이벤트가 되면서 여러 가지 문제가 발생했어요. 먼저 막대한 개최 비용 문제예요. 1976년 몬트리올은 올림픽을 개최하면서 큰 적자를 떠안게 되었는데 2006년까지 30년 동안 특별세를 걷어서 빚을 갚아야만 했어요. 막대한 개최 비용 때문에 최근 들어 개최지로 입후보하는 도시도 줄고 있어요.

한편 1984년 로스앤젤레스 올림픽은 상업주의(무엇이든 돈벌이의 대상으로 보고 이익을 추구하는 사고방식)를 표방하며 큰 흑자를 냈으나 '올림픽의 상업화'란 점에서 문제가 되었어요. 지금도 참가 선수보다 스폰서와 방송국을 우선시한다는 비판이 끊이지 않아요.

이 밖에도 올림픽은 '올림픽의 정치적 이용'이나 '도핑 문제(운동선수가 좋은 성적을 올리기 위하여 부정하게 약물을 먹거나 주사하는 문제)' 등 많은 문제를 떠안고 있지만, 전 세계 사람들이 교류하는 이벤트인 만큼 시대의 흐름에 맞는 평화의 제전으로 만들어 나가야 해요.

이런 이야기를 나누어 보아요

- 시대에 맞는 올림픽이란 어떤 걸까?
- 친환경 올림픽! 돈도 들이지 않는 편이 좋지 않을까?
- 근데 그렇게 해도 분위기가 살아날까?

패럴림픽

장애인이 참가하는 또 하나의 올림픽

장애가 있는 사람들이 참가하는 세계 최대의 스포츠 대회가 '**패럴림픽**(paralympics)'이에요. 장애인 스포츠는 전쟁에서 다친 군인들의 재활을 위해 운동 요법을 도입하며 시작되었어요. 1948년 런던 올림픽 개회식 날 영국의 신경외과 의사 루드비히 구트만 박사가 병원에서 개최한 양궁 대회가 패럴림픽의 시초라고 해요. 구트만 박사는 '패럴림픽의 아버지'라고 불리고 있어요.

그 후, 국제적인 대회로 자리 잡으며 1960년 제1회 로마 대회가 열렸어요. 1976년 대회부터는 시각 장애인과 절단 장애인 선수가, 1980년 대회에서는 뇌성마비 장애인 선수의 출전이 인정되었어요. 처음에 패럴림픽의 '패러(para)'는 하반신 마비를 뜻하는 '패러플리

지아(paraplegia)'에서 비롯되었으나 1985년에 '또 다른 하나'라는 뜻에서 '패러렐(parallel)'이라는 의미를 부여받았어요. 패럴림픽은 '또 하나의 올림픽'이라 할 수 있어요.

모든 사람이 적극적으로 참여하고 공헌하는 **'조화롭게 공존하는 사회'**를 실현하는 것이 패럴림픽의 목적인데, 올림픽과 마찬가지로 패럴림픽도 관심이 높아지면서 몇몇 문제가 발생했어요. 예를 들면 보장구(장애인들의 활동을 도와주는 기구)에 관한 문제예요. 장애인 운동선수는 의족이나 의수 같은 보장구가 필요한 경우가 많아요. 이 보장구의 기능, 재질, 내구성 등의 차이가 기록이나 성적에 큰 영향을 미쳐요. 품질이 좋은 보장구를 구하려면 비싼 값을 치러야 하죠. 이러한 이유로 개발 도상국 출신 선수보다 부유한 나라의 선수가 유리하다는 문제가 발생해요.

이런 이야기를 나누어 보아요

- 패럴림픽을 통해서 장애인에 대한 인식을 개선할 수도 있겠어.
- '조화롭게 공존하는 사회'를 실현하려면 구체적으로 뭘 해야 할까?
- 음, 장애인이나 고령자 등 사회적 약자들이 살기 좋은 사회를 만들기 위해 물리적, 제도적 장벽을 허물자는 운동의 정비라든가… 또 뭐가 있을까?

e스포츠

초등학생도 금메달을 딸 수 있다고?!

'일렉트로닉 스포츠(Electronic Sports)'를 줄인 말인 'e스포츠'는 컴퓨터 게임이나 비디오 게임, 스마트폰 게임을 이용해 승부를 겨루는 스포츠를 일컬어요. 혹시 '스마트폰 게임이 스포츠라니 이상해.'라는 생각이 들었나요? 하지만 e스포츠는 이미 전 세계에서 스포츠로 인정받고 있답니다. 경기에 참여한 인구만 해도 1억 명 이상이고 관람객 수는 4억 명에 이르는 높은 성장세를 보이고 있죠. 심지어 상금 총액이 수백억 원을 넘는 대회도 있고 연 수입이 10억 원이 넘는 프로 선수도 있어요. 그렇다면 e스포츠가 이렇게 선풍적인 인기를 끌게 된 이유는 무엇일까요? e스포츠의 특징을 살펴보면서 생각해 보기로 해요.

먼저 e스포츠는 나이와 성별을 따지지 않아요. 원래 스포츠는 직접 몸을 움직여서 경쟁하기 때문에 아무래도 성별이나 나이가 불리하게 작용하기도 해요. 하지만 e스포츠는 남녀노소 누구나 활약할 수 있는 스포츠예요. 이처럼 초등학생이 어른을 상대로 우승도 할 수 있다는 점이 사랑받는 이유가 아닐까요.

또 e스포츠는 기본적으로 온라인에서 경기를 펼쳐요. 그래서 집에서도 출전할 수 있죠. 다른 운동 경기처럼 체육관이나 경기장에 나갈 필요도 없고 연습도 세계 대회도 집에서 손쉽게 할 수 있다는 점이 인기의 비결일지도 몰라요.

세계적인 인기를 누리는 e스포츠를 올림픽 정식 종목으로 채택하자는 의견도 있어서 국제올림픽위원회(IOC)에서 검토 중이라고 해요. 여러분이 좋아하는 게임이 올림픽 정식 종목으로 채택될 날이 머지않아 보여요 그리고 2022년 제19회 항저우 아시안게임에서는 e스포츠가 정식 종목으로 선정되어 게임이 치러지기도 했어요.

이런 이야기를 나누어 보아요

e스포츠는 스포츠가 아니라는 의견도 있던데 어떻게 생각해?

몸을 쓰지 않고 기계를 이용하니까 스포츠가 아닌 느낌도 들긴 해.

그럼 자동차로 하는 모터스포츠는?

스포츠 산업

여전히 확장이 기대되는 성장 산업

스포츠에 관련된 활동으로 수익을 올리는 비즈니스를 '스포츠 산업'이라고 해요. 그럼 스포츠에 관련된 활동이라 하면 무엇이 떠오르나요? 프로 야구나 프로 축구를 제일 먼저 떠올렸을 것 같은데요. 경기 입장권이나 기념품 판매로 수익을 올리는 구단의 경영도 물론 스포츠 산업이에요. 축구공이나 운동화 등의 스포츠용품을 만드는 회사나 물건을 파는 가게도 스포츠 산업에 들어가고요. 다이어트를 위해 다니는 스포츠 센터도, 운동 경기를 관람할 때 먹는 음식을 파는 매점도, 스포츠를 보도하는 미디어도 스포츠 산업에 포함되어요. 스포츠에 관련된 모든 일이 스포츠 산업인 셈인데, 다양한 형태로 우리 삶 가까이에 스포츠가 존재한다고 말할 수 있어요.

실제로 전 세계적으로 스포츠 산업은 성장세를 보이고 있어요. 예를 들어 미국 스포츠 산업의 시장 규모는 약 5,000억 달러(약 600조 원)에 이른다고 해요. 미국 정도의 규모는 아니더라도 유럽이나 아시아에서도 스포츠는 축구를 중심으로 큰 산업 분야예요.

스포츠 산업은 크게 성장할 가능성이 있는 시장이라고 해요. '건강·의료', '교육', '지방 활성화' 등에 스포츠를 융합함으로써 탄생할 신사업에 대한 기대가 크기 때문이죠. 앞으로는 한층 더 스포츠와 밀접한 사회가 될 것 같아요.

스포츠의 정치적 중립

다툼을 멈추고 정정당당히 승부

모두가 사이좋게 안심하고 살 만한 세계는 전 인류의 바람이에요. 그러나 전쟁, 민족 대립, 종교 대립, 인종 차별 등으로 세계는 아직 평화롭다고 말할 수 없어요. 이러한 대립을 완화하는 것이 스포츠예요.

정치와 스포츠는 분리되어 있어요. 대립하는 나라 사이에서 벌어지는 시합일지라도 스포츠 경기에서는 서로를 존중하면서 정정당당하게 겨뤄야 하기 때문이죠. 이러한 태도를 '스포츠의 정치적 중립'이라고 말해요.

그런데도 스포츠 세계에 정치를 끌어들인 사례가 적지 않아요. 1980년 소련(현재 러시아)에서 열린 '모스크바 올림픽'에서는 미국을 비롯해 소련과 대립하던 나라들이 참가를 보류했어요. 일본도 참가하지 않았죠. 자기 능력을 세계 최고의 무대에서 펼치고 싶었던 선수들은 정말 아쉬웠을 거예요.

반대로 스포츠를 통해서 다툼이 해결된 사례도 있어요. 축구로 세계 1위를 뽑는 월드컵에서였죠. 2006년 독일 월드컵을 앞두고 코트디부아르 대표팀은 아프리카 대륙 예선 경기에서 수단 대표팀을 이기며 사상 처음으로 월드컵 본선에 진출했어요. 그 당시 코트디부아르는 나라가 몇 갈래로 쪼개져 전쟁을 치르는 내전 상태에 있었어요. 그런데 대표팀의 리더였던 디디에 드로그바 선수가 시합이 끝난 뒤, '무기를 내려놓고 제발 전쟁을 멈춰주세요.'라고 호소했어요. 그의 간청을 계기로 내전이 멈췄고 다음 해에 새로운 나라의 리더를 뽑는 선거가 이루어졌어요. 스포츠의 감동이 내전을 멈추게 만든 셈이에요.

아니까 뉴스 보고 대화까지 된다! 초등학생을 위한 시사용어

이런 이야기를 나누어 보아요

정치적 중립을 지키는 올림픽에서는 운동선수의 정치적 발언을 금지하고 있대. 과거에 처벌된 선수가 있을 정도래.

차별이나 분쟁에 반대하는 건 좋은 의도니까 금지하지 않아도 될 것 같은데.

근데 좋은 의도인지 아닌지는 누가 판단해?

유네스코

마음속에 평화의 방벽을 세우는 활동

국제연합(UN)은 '**국제 협력 달성**'이라는 이념을 추구해요. 이를 위해 경제적·사회적·문화적인 국제 문제를 해결하고, 인종·성별·언어·종교로 인한 차별을 없애며, 전 세계 나라들이 협력할 수 있는 체제를 만들기 위해 노력하고 있어요. 이러한 대책을 담당하는 UN 전문 기구 중 하나가 '**유네스코**(국제연합 교육과학문화기구)'예요. 본부는 프랑스 파리에 있고 현재 193개국이 가입되어 있어요. 그리스의 파르테논 신전이 유네스코를 상징하는 마크이고요.

유네스코는 각 나라가 내는 분담금으로 운영되는데, 주요국의 분담률은 중국(약 15%), 일본(약 11%), 독일(약 7.8%), 프랑스(약 5.7%) 순이에요. 덧붙여 미국은 정치적인 이유로 2018년 이스라엘과 함께 유네스코를 탈퇴했어요.

유네스코의 이념을 적은 '유네스코 헌장'에는 '전쟁은 인간의 마음속에서 생기는 것이므로 평화의 방벽을 세워야 할 곳은 인간의 마음속이다.'라고 쓰여 있어요. 이를 실천하기 위해 유네스코는 교육의 보급에 힘을 쏟고 있죠. 예를 들어 일본 유네스코 협회 연맹에서는 '세계 데라코야 운동(World Terakoya Movement)'을 추진하고 있어요. 빈곤이나 전쟁 때문에 학교에 갈 수 없는 아이들이 전 세계에 1억 2,100만 명이나 된다고 해요. 이러한 아이들에게 교육의 기회를 제공하는 것이 데라코야 운동이에요.

유네스코는 'SDGs'에도 적극적으로 참여하고 있어요. SDGs가 말하는 '누구도 소외되지 않는다.'라는 이념은 유네스코가 추구하는 바와 비슷하기 때문이죠.

이런 이야기를 나누어 보아요

- 누구나 원한다면 유네스코 활동에 참여할 수 있어.
- 우리도 할 수 있는 거라면 지원하고 싶어!
- 어떤 활동이 있는지 홈페이지에서 찾아보자!

세계 유산

후손에게 남겨 줘야 할 인류의 자산

먼 옛날 돌로 만들어진 신전, 모두의 시선을 빼앗는 아름다운 경치, 풍성한 나무가 빽빽이 들어선 숲…… 이러한 건축물과 자연은 인류의 보물이에요. 그런데 전쟁 때문에 역사적인 건축물이 파괴되거나 환경이 오염되어서 풍요로운 자연을 잃어버리기도 해요. 이러한 일이 일어나지 않도록 무엇으로도 대체할 수 없는 인류의 자산을 후손들에게 물려주기 위해 '세계 유산'을 지정하여 보호하고 있어요.

유네스코는 1972년 채택한 세계 유산 조약에 따라 세계 유산을 지정하고 있어요. 절, 신전, 유적 등은 '세계 문화유산'으로, 아름다운 경치나 귀중한 동식물은 '세계 자연 유산'으로, 문화유산과 자연 유산의 가치를 동시에 지닌 것은 '복합 유산'으로 분류해요. 가장 많은 세계 유산을 보유한 나라는 58건이 등재된 이탈리아예요. 다음으로 중국이 56건, 독일이 51건, 스페인이 49건, 프랑스가 49건, 일본이 25건, 한국도 15건의 세계 유산이 있으며 전 세계에 1,100점 이상의 세계 유산이 등재되어 있어요.

우리가 사는 동아시아의 세계 유산에는 어떤 것이 있는지 살펴볼까요. 중국에는 '만리장성', '진시황릉', '실크로드' 등이 있어요. 한국은 '석굴암과 불국사', '조선왕릉'이 유명해요. 일본에는 '히메지성', '호류사 지역의 불교 기념물', '이쓰쿠시마 신사' 등의 건조물이나 '야쿠시마' 등의 경관과 자연이 세계 유산에 등재되어 있어요. 세계 유산에 등재되지 않았다면 사라졌을지도 모를 건축물이나 자연도 있어요. 이러한 유산을 보호하고 후손에게 물려주는 일은 현대를 살아가는 우리의 사명이 아닐까요.

아니까 뉴스 보고 대화까지 된다! 초등학생을 위한 시사용어

이런 이야기를 나누어 보아요

세계 유산 목록은 UN의 유네스코 홈페이지에 나와 있어.

그럼 우리나라에 있는 세계 유산을 한번 알아볼까?

재밌겠다! 다 같이 이야기 나눈 다음 목록을 확인해 보자!

세계박람회

전 세계 사람들이 참가하는 박람회

세계 각국의 자랑할 만한 업적을 전시하는 전람회가 '**세계박람회**'예요. 만국박람회라고 부르기도 하며 우리나라에서는 흔히 박람회를 뜻하는 엑스포지션(exposition)을 줄여서 엑스포(EXPO)라고 불러요. 1928년 맺어진 '**BIE 조약**(국제박람회 조약)'에 따라 정부 간 기구인 국제박람회기구에서 운영해요. 본부는 프랑스 파리에 있어요.

세계박람회는 단순한 이벤트가 아니에요. '참가국들의 전시를 통해 일반 대중을 교육하는 것'이 목적이에요. 전시품을 통해 각 나라의 문화, 전통, 첨단 기술을 접할 수 있을뿐더러 더불어 교류도 이루어지는 거죠.

세계 최초로 세계박람회가 개최된 곳은 영국 런던(1851년)이에요.

우리나라는 1893년 미국 시카고 박람회에 공식적으로 참여했다고 전해지고 있어요.

세계박람회는 참가국별로 개별 전시장을 설치하는 '등록박람회(5년마다 열리는 대규모 종합 박람회)', 특정 주제를 중심으로 열리는 '특별박람회' 또는 '인정박람회(등록박람회가 개최되는 사이에 열리는 특정 부분을 주제로 선정한 박람회)'로 나눌 수 있어요. 지금까지 우리나라에서는 1993년 대전 과학엑스포와 2012년 여수 해양엑스포가 인정박람회로서 개최되었어요. 아직 우리나라에서 등록박람회가 열린 적은 없지만, 2030년 부산 세계박람회를 유치하려고 노력 중이에요. 아시아에서 등록박람회를 개최한 나라는 일본(1970년 오사카 엑스포)과 중국(2010년 상하이 엑스포)뿐이에요.

이런 이야기를 나누어 보아요

아카데미상

세계 최대의 영화 축제

 미국은 세계 영화 산업의 중심이에요. 매년 다양한 장르의 영화가 제작되고 있지요. 1년 동안 제작된 작품 수가 가장 많은 곳은 인도이지만, 시장 규모로는 미국이 일등으로 세계 영화 산업의 약 3분의 2를 차지해요. 미국 영화 산업의 중심지는 캘리포니아주 로스앤젤레스에 있는 '할리우드'예요. 이 지역은 1년 내내 맑은 날씨로 촬영하기 좋아서 영화를 제작하는 데 최적의 환경을 갖추고 있죠.
 이러한 '영화 대국' 미국은 영화 제작자들의 투표를 통해 우수한 작품을 뽑는 '아카데미상'을 만들었어요. 아카데미상은 오랜 역사를 자랑해요. 세계 3대 영화제('베니스 국제 영화제', '칸 국제 영화제', '베를린 국제 영화제')보다도 앞선 1927년부터 시상식을 열었죠. 아카

데미상 후보작은 로스앤젤레스 주변 극장에서 공개된 작품을 대상으로 해요. 감독상, 작품상, 남우주연상, 여우주연상 등 총 24개의 영화상이 매년 한 번 투표로 선정되고 있어요. 수상자에게는 '오스카상'이라고 불리는 황금색 조각상이 기념품으로 주어지지만, 상금은 없어요. 그래도 아카데미상을 받은 영화는 전 세계적으로 화제가 되기 때문에 막대한 흥행 수입을 기대할 수 있어요.

한국 영화도 아카데미상을 수상했어요. 2020년에 봉준호 감독의 '기생충'이 국제 장편 영화상 외에도 작품상, 각본상, 감독상을 받으며 4관왕을 달성했고요. 2021년에는 영화 '미나리'로 한국 영화인 최초로 윤여정 선생님이 아카데미 여우조연상을 받았어요.

이런 이야기를 나누어 보아요

아카데미상은 사회를 비추는 거울이라고도 하더라. 수상 작품이나 수상 소감이 그 시대를 보여준대.

그런 영화를 다 같이 보고 이야기 나누면 즐거울 것 같아.

엄마, 아빠가 젊었을 땐 어떤 작품이 상을 받았는지 여쭤봐야야겠어.

노벨상

과학자 등에게 주는 세계 최고의 상

일 년에 한 번, 역사에 남을만한 발견이나 발명을 한 사람, 전 세계 사람에게 감동을 준 소설을 쓴 사람 등 '인류에 큰 공헌을 한 사람들'에게 수여하는 것이 '노벨상'이에요. '물리학, 화학, 생리학·의학, 문학, 평화, 경제학' 6개 부문에 대해 수상이 이루어져요.

노벨상은 스웨덴의 발명가 알프레드 노벨이 남긴 유산을 자금으로 설립되었어요. 노벨은 수많은 발명을 했지만, 그중에서도 다이너마이트가 가장 유명해요. 다이너마이트는 광석 채굴이나 건축 현장 심지어 전쟁에서도 쓰이면서 노벨은 막대한 자산을 쌓았어요. 이렇게 쌓은 자산을 기반으로 노벨상이 설립된 거예요.

노벨상은 매년 스웨덴 왕립 과학 아카데미(물리학상, 화학상, 경제학상), 왕립 카롤린 연구소(생리학·의학상), 노르웨이 노벨 위원회(평화상), 스웨덴 아카데미(문학상) 4개 기관에서 누구에게 상을 수여할지 선정하며, 수상자는 기념 메달과 상금을 받아요.

노벨상 수상은 매우 명예로운 일이에요. 우리나라에서는 2000년 한국과 동아시아에서 민주주의와 인권을 위해 노력한 김대중 대통령이 한국인 최초로 노벨평화상을 수상하였어요.

이런 이야기를 나누어 보아요

노벨은 자신이 발명한 다이너마이트가 전쟁에서 무기로 쓰이는 걸 보고 뉘우치면서 노벨상을 만들라고 유언으로 남겼대.

전쟁을 계기로 발명되거나 발달한 물건과 기술이 우리 주변에도 많구나.

몰랐어. 어떤 게 있는지 조사해 보자.

전자책

단말기로 읽는 전자 데이터 책

종이가 없던 시대에 인간은 거북이 등딱지나 돌, 점토판, 양가죽 등에 글자를 써서 보존했어요. 기원전 2500년경 이집트에서는 식물의 섬유를 이용해 만든 '파피루스'라고 불리는 것이 쓰였고요. 오늘날 종이(paper)의 어원은 파피루스(papyrus)에서 비롯되었지만, 종이의 발명은 그보다도 훨씬 나중의 일이에요. 지금으로부터 약 2000년 전 중국에서였죠. 한국에 전해진 것은 늦어도 6세기 무렵이라고 추정하고 있어요.

책은 종이가 보급되면서 탄생했어요. 그러다가 15세기 중반 독일인 구텐베르크가 '활판 인쇄술'을 발명하면서 많은 사람이 책을 읽고 배울 수 있게 되었죠. 요즘에는 종이에 인쇄한 책 대신 전자 데이터 형태로 제작한 '전자책'이 보급되고 있어요.

전자책은 스마트폰이나 태블릿 등의 단말기를 이용해 책을 읽을 수 있어서 장점이 많아요. 먼저 보관 장소가 필요하지 않아요. 책을 보관하려면 반드시 공간이 필요하잖아요. 수십 권에 이르는 만화책을 책장에 꽂으려면 시간도 오래 걸릴 거예요. 그런데 전자책은 단말기의 메모리나 데이터 카드에 보존되기 때문에 공간이 없어도 괜찮아요.

책을 사는 것도 간단해요. 서점에 굳이 가지 않아도 전자책을 판매하는 사이트에서 사고 싶은 책을 다운로드만 하면 돼요. 애써 서점까지 갔는데 책이 다 팔려 못 살 일도 없고 24시간 365일 언제든지 살 수 있어요. 앞으로 전자책은 더욱 널리 보급될 것으로 보여요

이런 이야기를 나누어 보아요

- 전자책이 더 많이 보급되면 종이책은 사라질까?
- 종이책이 없어지진 않을 것 같은데, 줄긴 하겠지?
- 반대로 전자책에는 어떤 단점이 있을까?

인플루언서

SNS에서 정보를 공유하는 사람들

　연예인이나 운동선수처럼 대중에게 영향력을 행사하는 개인을 '인플루언서(influencer: '영향을 주다'는 뜻의 단어인 'influence'에 '사람'을 뜻하는 접미사 '-er'을 붙인 단어)'라고 불러요. 유명 탤런트가 '이 과자 너무 맛있어서 매일 먹어요.'라는 말을 SNS에 올렸다고 가정해 보세요. 그 발언을 접한 사람은 그 과자가 궁금해서 사고 싶어질 거고 어느새 물건이 동이 나버릴 수도 있어요. 이처럼 인플루언서라 불리는 사람들의 발언이나 행동은 주목을 받기 때문에 사회에 미치는 영향력이 굉장해요.

　인플루언서는 연예인이나 운동선수만 있는 것이 아니에요. 유튜버(YouTuber)나 블로거(blogger: 블로그에 자신의 글이나 사진을 공개하는 사람)도 인플루언서가 될 수 있어요. 인플루언서는 텔레비전이나 라디오, 잡지, 책 같은 전통적인 미디어가 아니라 트위터, 인스타그램, 페이스북과 같은 SNS를 적극적으로 이용하고 있어요. SNS에서라면 언제, 어디서든 내 의견을 올릴 수 있고 좋아하는 만화나 상품을 소개할 수도 있기 때문이죠.

이러한 변화에 기업도 반응하고 있어요. 지금까지 기업은 텔레비전 등에 광고를 내보내 자사 제품을 홍보하고는 했죠. 그러던 것이 최근에는 인플루언서를 통해 제품을 SNS에서 소개하는 일이 늘어났어요. 인플루언서를 활용해 자사의 제품이나 서비스를 홍보하는 방법을 '인플루언서 마케팅'이라고 해요.

이런 이야기를 나누어 보아요

사람들이 눈치채지 못하게 자연스럽게 파고드는 광고가 '스텔스 마케팅'이야. 인플루언서의 말이라고 다 받아들이면 안 돼.

돈을 받고 하는 홍보인지 아닌지 잘 구별해야겠어.

알아낼 좋은 방법이나 대책이 있을까?

문화·스포츠 용어 약칭 퀴즈

※정답은 155페이지에 있어요.

5장에서 설명한 용어에 대한 퀴즈입니다.
약칭에 대해서 답해 주세요.

Q1 : 근대 올림픽의 창시자로 '근대 올림픽의 아버지'라고 불리는 사람은 누구일까요?

Q2 : 패럴림픽의 시초가 된 대회를 연 '패럴림픽의 아버지'는 누구일까요?

Q3 : 유산을 기금으로 하여 과학이나 문학 분야에서 업적을 이룬 사람에게 수여하는 상을 설립한 스웨덴 사람은 누구일까요?

퀴즈 정답

사회 용어 약칭 퀴즈 정답

Q1 : 'Social Networking Service'
Q2 : 'Lesbian, Gay, Bisexual, Transgender'의 앞 글자를 따서 'LGBT'라고 불러요.
Q3 : 지속 가능이라는 뜻의 'Sustainable'이라는 영어 단어의 앞 글자에서 따온 거예요.

정치 용어 숫자 퀴즈 정답

Q1 : 정답은 삼권분립의 '3'이고, 국회(입법권), 정부(행정권), 법원(사법권)의 세 기관으로 나뉘어 있어요.
Q2 : 정답은 이원제의 '2'이고, 양원제라고도 불러요.
Q3 : 정답은 G7의 '7'이고, 서밋에 참가하는 7개국을 뜻하는 'Group of Seven'의 약자예요.

경제 용어 숫자 퀴즈 정답

Q1 : 정답은 'GDP'. 국내총생산이라고도 해요.
Q2 : 정답은 'GAFA'. Google, Apple, Facebook, Amazon의 앞 글자를 따서 GAFA라고 불러요.
Q3 : 정답은 'TPP'. '환태평양 파트너십'이라고 부르기도 해요.

과학 용어 장소 퀴즈 정답

Q1 : 정답은 '교토'. 야마나카 신야 선생님은 교토대학교 교수로 iPS 세포 연구소 소장이에요.
Q2 : 미국의 수도인 '워싱턴 D.C.'가 정답이에요.
Q3 : 스위스 제네바와 프랑스 사이의 국경에 시설이 있어요.

문화·스포츠 용어 장소 퀴즈 정답

Q1 : 프랑스 교육자 '피에르 쿠베르탱'
Q2 : '루드비히 구트만'
Q3 : 스웨덴의 발명가 '알프레드 노벨'

색인

【제 1 장 사회에 관한 키워드】

신종 코로나바이러스······················ 8

SNS(소셜 네트워킹 서비스)············10

빅데이터 ·································12

가짜 뉴스 ·······························14

헤이트 스피치 ··························16

분쟁 ····································18

빈곤 ····································20

난민 문제 ·······························22

환경 문제 ·······························24

지구 온난화 ····························26

식량 문제 ·······························28

저출산 고령화 ··························30

교육 문제 ·······························32

LGBT····································34

SDGs····································36

사회 용어 약칭 퀴즈 ·····················38

【제 2 장 정치에 관한 키워드】

민주주의 ·······························40

선거와 선거권 ··························42

국회와 삼권분립 ························44

양원제 ·································46

헌법 ····································48

법률 ····································50

세금 ····································52

택스 헤이븐 ····························54

공적 연금 제도 ·························56

외교 ····································58

핵 군축···································60

국제연합 ·······························62

서밋 ····································64

EU 와 브렉시트 ························66

OPEC ··································68

원자력 발전 ····························69

정치 용어 숫자 퀴즈 ·····················70

【제 3 장 경제에 관한 키워드】

자본주의 ·······························72

주식과 주식 투자·······················74

환율 ····································76

무역 ····································78

공정 무역 ·······························80

GDP ····································82

인플레이션과 디플레이션 ……………84	아르테미스 계획 …………………… 122
GAFA 와 BATH ………………………86	유인 화성 비행 …………………… 124
크라우드 펀딩 ………………………88	재생 가능 에너지 ………………… 126
캐시리스 결제 ………………………90	CERN ……………………………… 127
핀테크 …………………………………92	과학 용어 장소 퀴즈 ……………… 128
가상 자산 ………………………………94	
TPP ……………………………………96	**【제 5 장 문화·스포츠에 관한 키워드】**
다이내믹 프라이싱 …………………98	
경제 용어 알파벳 퀴즈 …………… 100	올림픽 ……………………………… 130
	패럴림픽 …………………………… 132
【제 4 장 과학에 관한 키워드】	e 스포츠 …………………………… 134
백신 ………………………………… 102	스포츠 산업 ………………………… 136
iPS 세포 …………………………… 104	스포츠의 정치적 중립 ……………… 138
VR …………………………………… 106	유네스코 …………………………… 140
AI …………………………………… 108	세계 유산 …………………………… 142
IoT …………………………………… 110	세계박람회 ………………………… 144
차세대 자동차 ……………………… 112	아카데미상 ………………………… 146
4 차 산업혁명 ……………………… 114	노벨상 ……………………………… 148
사이버 공격 ………………………… 116	전자책 ……………………………… 150
NASA ……………………………… 118	인플루언서 ………………………… 152
ISS …………………………………… 120	문화·스포츠 용어 인명 퀴즈 ……… 154

키즈 트리비아 클럽
신문, 잡지에서 활약하는 프리랜서 작가들의 모임이다. 회원 모두 자녀를 둔 부모들로 정치, 경제에서 과학, 예술, 예능까지 폭넓은 장르의 다양한 지식을 아이들에게 전하기 위해서 결성되었다.

도리바타케 하루노부
일러스트레이터이자 만화가이다. 캐릭터 디자인, 어린이책의 그림을 그린다. 주요 작품으로 『1편에 3분, 멋진 센고쿠 장군 이야기』, 『센고쿠 베이스볼』 시리즈, 『엿보기 탐정이 간다』 등이 있다.

아니까 뉴스 보고 대화까지 된다!
초등학생을 위한 시사용어

초판 7쇄 인쇄 2025년 11월 6일
초판 1쇄 발행 2023년 11월 20일

지은이	키즈 트리비아 클럽
그림	도리바타케 하루노부
옮긴이	이미주
펴낸곳	도서출판 THE북
마케팅	㈜더북앤컴퍼니
출판등록	2019년 2월 15일 제2019-000021호
주소	서울특별시 영등포구 양평로12가길 14 310호
전화	02-2069-0116
이메일	thebookncompany@gmail.com
ISBN	979-11-976185-7-4 (73300)

• 책값은 뒤표지에 있습니다.
• 잘못 만들어진 책은 구입하신 곳에서 교환해 드립니다.

"5HUN DE WAKARU JUYO WORD: SHITTE HANASO NEWS NO KOTOBA"
edited by Kids Trivia Club, illustrated by Harunobu Toribatake
Text copyright © Kids Trivia Club, Ehon no Mori, 2021
Illustrations copyright © Harunobu Toribatake, 2021
All rights reserved.
First published in Japan by Ehon no Mori, Tokyo

This Korean edition is published by arrangement with Ehon no Mori, Tokyo
in care of Tuttle-Mori Agency, Inc., Tokyo, through JM Contents Agency Co., Seoul.

이 책의 한국어판 저작권은 저작권자와의 독점 계약으로 도서출판 THE북에 있습니다.
저작권법에 의해 한국 내에서 보호를 받는 저작물이므로 무단 전재와 복제를 금합니다.